JÉSUS

Alain Decaux

raconte

JÉSUS

aux enfants

Dessins de VANNI TEALDI
et de Albert VOD

Perrin

DU MÊME AUTEUR
DANS LA MÊME COLLECTION

Alain Decaux raconte
l'Histoire de France
aux enfants

Alain Decaux raconte
la Révolution française
aux enfants

Alain Decaux raconte
la Bible
aux enfants

Dépôt légal : avril 1997
ISBN 2-262-01292-X

A Anne-Hélène

Aux enfants qui me liront

Un homme a vécu il y a deux mille ans. Il est né pauvre dans une famille obscure. Son père était charpentier et lui-même l'a été jusqu'à l'âge de trente ans. Il vivait dans un pays dont les gens de ce temps-là connaissaient à peine l'existence.
Cet homme s'appelait Jésus.
Aujourd'hui, des centaines de milliers d'enfants comme vous prononcent chaque jour le nom de celui qui fut en son temps si inconnu. Voilà certes un grand mystère.
A chaque instant, les épisodes que vous allez découvrir vont vous paraître peu croyables, parfois même invraisemblables. Sachez bien qu'il s'agit d'une histoire vraie.
Jésus a eu des amis. Ils l'ont suivi pas à pas. Ils se sont souvenus de tout ce qu'il avait accompli, de tout ce qu'il avait dit. Deux d'entre eux, Matthieu et Jean, ont écrit leurs souvenirs. Deux autres, Marc et Luc, ont recueilli les récits de gens ayant connu Jésus.
Ces témoignages et ces récits sont les Évangiles. Voilà pourquoi nous connaissons mieux Jésus que bien des personnages importants de l'Antiquité. Mieux que des rois, des empereurs, des chefs de guerre.
En découvrant cette vie qui ne ressemble à aucune autre, vous comprendrez pourquoi le plus ignoré des Juifs de Palestine s'est révélé le plus illustre des fils de notre planète.
Vous comprendrez aussi pourquoi son histoire est devenue la plus extraordinaire de toutes les histoires.

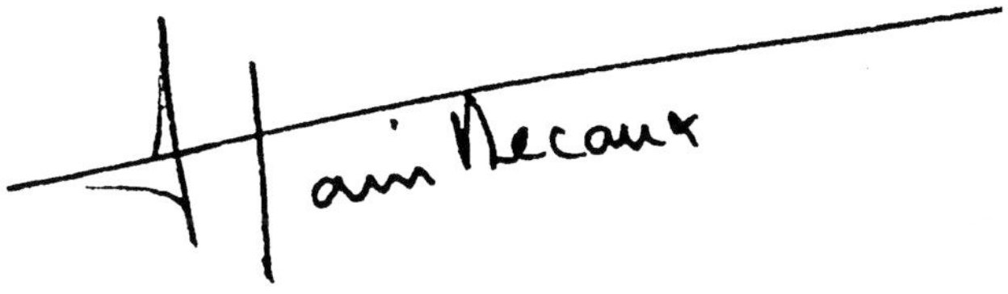

UNE CRECHE A BETHLEEM

UNE CRECHE A BETHLEEM

Double page précédente :
LE MONDE DE L'ENFANT JÉSUS
A droite, dans ce grand dessin, voici Nazareth, le village de Galilée où vivaient les parents de Jésus. Croisant le charpentier Joseph, une planche sur l'épaule, Marie passe, portant sur la tête la cruche dans laquelle elle est allée puiser de l'eau. On montre aujourd'hui encore à Nazareth la « Fontaine de la Madone ». Un berger conduit aux champs son troupeau de moutons. En bas, plus à gauche, voici Marie et Joseph dans leur maison. Ceux qui les entourent sont les gens du village à qui un enfant annonce l'arrivée des Romains. Quel événement ! Nous retrouvons Joseph et Marie (en haut, à gauche) dans l'étable où Marie a donné le jour à son fils.

Face à l'hôtelier méprisant, l'homme et la femme baissent la tête. Comme s'ils étaient coupables.

Les gens pauvres sont ainsi : facilement désarçonnés quand on parle fort devant eux. L'homme n'est pas jeune. Ses cheveux, qu'il porte longs comme tous les Juifs, sont gris.

La tunique qui lui descend jusqu'au-dessous des genoux a visiblement survécu à bien des hivers. Son manteau ? Une pièce d'étoffe trouée en son centre pour laisser passer la tête.

Les sandales qui s'attachent à ses pieds nus ont foulé tant de chemins que l'on peut se demander comment elles résistent encore.

L'hôtelier s'impatiente : puisqu'il leur a dit qu'il n'avait rien à leur proposer ! La nuit est déjà tombée et il n'a pas une chambre libre, pas un lit, pas une place. Il est *complet.* Inutile d'insister. Posté à l'entrée de cette sorte d'auberge orientale que les Turcs, plus tard, appelleront caravansérail, on dirait qu'il défend une forteresse. Derrière lui, on discerne un enclos pour les bêtes, un portique ouvert à tous les vents où déjà s'entassent, couchés à même le sol, quelques centaines de voyageurs. Plus loin, des chambres en enfilade, exiguës, toutes occupées, d'ailleurs hors de prix pour le couple qui ne se décide pas à déguerpir.

Qu'attendent-ils ? Qu'espèrent-ils ? Pourquoi restent-ils plantés là ? De l'impatience, l'hôtelier passe à la colère : ces gens sont-ils sourds ou idiots ? Combien de fois faudra-t-il leur dire qu'il est *complet* ?

L'homme aux cheveux gris prend son courage à deux mains et – ultime argument – montre le ventre de la femme qui l'accompagne. Machinalement, l'hôtelier porte là son regard : c'est vrai qu'il est fort gros, ce ventre. C'est celui d'une femme sur le point de donner naissance à un enfant. Du ventre, le regard remonte au visage auquel, jusque-là, il n'avait pas daigné prêter la moindre attention.

Comme elle paraît jeune, cette voyageuse ! Encadrés par les voiles, ses traits sont presque ceux d'une enfant. Quel âge a-t-elle ? Treize ans, quatorze ans ? Pourtant – l'hôtelier n'en doute pas –, elle peut accoucher d'un instant à l'autre.

Le cerbère s'adoucit. Il n'est pas dans les traditions juives de refuser sa porte à une femme enceinte. Et puis, que dirait sa clientèle si elle apprenait qu'il s'est conduit ainsi ? Cela pourrait ternir son renom, lui qui se flatte de diriger le meilleur établissement de Bethléem.

Une idée lui vient. Il s'en ouvre à l'homme : non loin de là se trouve une grotte où, l'hiver, les bergers ont coutume d'abriter leurs troupeaux. Qu'ils y aillent donc !

Une soudaine grimace crispe le visage de la jeune femme. Pas de doute : le bébé va naître bientôt. Il faut faire vite.

L'homme va quérir l'âne attaché à un anneau fixé dans le mur. Empoignant sa femme – oui, il a bien dit à l'hôtelier : *ma femme* –, il l'assied sur l'âne. Ils s'éloignent dans la nuit. La femme, l'homme et l'âne.

Celle qui va enfanter se nomme Marie. Lui s'appelle Joseph. Si humbles, si pauvres qu'ils paraissent, ils sont détenteurs du plus extraordinaire secret qu'il ait jamais été donné à aucune créature terrestre de posséder depuis l'origine du monde.

NAZARETH
Située au nord de l'État d'Israël, cette ville a plus de quarante mille habitants. Dès les premiers âges du christianisme, on y vint en pèlerinage. Sainte Hélène, mère de l'empereur Constantin, y fit construire une basilique à l'emplacement de laquelle fut élevée, au XVIIIe siècle, l'église de l'Annonciation.

Les fiancés de Nazareth

Tout a commencé l'année précédente à Nazareth, le village qu'ils habitent tous deux. Un petit bourg de Galilée, là-bas, au nord de la Palestine. Si inconnu, ce village, qu'aucun écrivain de l'Antiquité n'en a entendu parler.
Des maisons blanches en forme de cubes étalées au flanc d'une colline. Un temple où l'on va prier Dieu. Des champs à perte de vue, dont on cultive la moindre parcelle. Des vergers aux arbres croulant sous les fruits. Des vignes dont, l'été venu, le soleil rougit les grappes. Une paix immense. C'est cela, Nazareth.
On est à l'écart des grandes routes, loin des bruits du monde. S'il est vrai que pour être heureux il faut vivre cachés, soyons sûrs que les habitants du village connaissent le bonheur le plus authentique : celui des obscurs.
A Nazareth, tout le monde est paysan. A l'exception de quelques artisans. L'un d'eux, une planche sur l'épaule, sort de chez lui. C'est Joseph, le charpentier, le même que nous venons de rencontrer à Bethléem. A Nazareth, les charpentes de beaucoup de toits sont sorties de ses mains. Aussi les tables, les tabourets, les coffres, les charrues. Comment un village se passerait-il de son menuisier ?

LA GALILÉE DE TOUJOURS
Certains paysages de Palestine n'ont pas changé depuis le temps de Jésus. On peut encore rencontrer des paysans qui poussent leur charrue attelée à des bœufs. Le climat semble également être demeuré à peu près identique. L'hiver peut être très froid, avec de la neige et de la glace, cependant que les étés, en certaines régions, sont torrides. On constate également, entre la température du jour et de la nuit, des différences considérables.

Cette jeune fille qui, une cruche sur la tête, s'en va chercher de l'eau au puits, nous la reconnaissons aussi : c'est Marie. Rien ne la distingue des autres filles du village. Elle a des amies, avec lesquelles elle rit comme on rit à son âge. Chez ses parents, elle prend sa part du ménage, cuit des pains d'orge ou tresse des paniers. Elle travaille aux champs, garde les bêtes ou, à l'époque des vendanges, cueille le raisin.

Puisque les voilà dehors l'un et l'autre, comment ne se rencontreraient-ils pas, lui portant sa planche, elle sa cruche ? C'est si petit, Nazareth !

Ils s'arrêtent, échangent quelques mots. Il y a du bonheur sur le visage de Joseph. Un sourire sur celui de Marie. Les gens qui passent près d'eux ne s'étonnent pas. Certes, il est interdit à un Juif d'adresser dans la rue la parole à une femme. Mais tout le monde sait à Nazareth que Joseph et Marie sont fiancés. Alors !

Ils se séparent. Rêvant sans doute au jour de leurs noces à venir. Au village, nous pouvons être sûrs, quand le mariage a été annoncé, que quelque commère aura chuchoté que, pour une fille aussi proche de l'enfance, Joseph n'était plus de la première jeunesse. D'autres aussitôt n'ont pas manqué de jurer, preuves à l'appui, que de telles différences d'âge faisaient souvent d'excellents ménages.

L'une d'elles a mis fin au débat en assenant un argument décisif : comment oublier que Joseph descend de David ?

MARIE
Nous ne possédons aucun portrait de Marie. Mais les grands peintres de tous les temps ne se sont pas privés d'imaginer son visage. Chacun, selon sa sensibilité, la représenta à sa manière. Ce portrait date de la fin du XVe siècle. Il appartient à un « retable », c'est-à-dire un grand décor peint ou sculpté placé au-dessus de l'autel d'une église. On ne connaît pas le nom de l'auteur que l'on se contente de désigner comme le Maître de Moulins.

La Terre promise

David était un grand roi. Il vivait mille ans avant Joseph et Marie. Pour la première fois, il avait rassemblé sous son autorité toutes les tribus juives et installé à Jérusalem la capitale de son royaume. Le royaume d'Israël[1].

Perdue au fin fond de la Méditerranée, entourée de déserts hostiles, la Palestine, terre d'Israël, surgit comme un point minuscule sur la carte du monde. Le peuple qui l'habite ne se différencie en rien de ceux qui vivent entre l'Égypte et le golfe Persique, sur cette bande de terre cultivable dénommée joliment : le « Croissant fertile ».

1. Voir *Alain Decaux raconte la Bible aux enfants*, Perrin, Paris, 1996.

BRÈVE CHRONOLOGIE
DE L'HISTOIRE JUIVE
AVANT NOTRE ÈRE

Vers 1800
Abraham en Canaan

Vers 1300
Moïse en Égypte

Entre 1250 et 1230
Exode des Israélites hors d'Égypte

Env. 1030 à 1010
Saül, roi

Env. 1010 – env. 970
David, roi

Env. 970 – env. 933
Salomon, roi

933-911
Jéroboam Ier, premier roi d'Israël

933-916
Roboam, premier roi de Juda

588
Deuxième siège de Jérusalem par les Babyloniens

587
Prise de Jérusalem et déportation

538
Édit de Cyrus autorisant le retour des Juifs

332
Alexandre conquiert la Palestine

37
Hérode le Grand prend Jérusalem

4
Fin du règne d'Hérode le Grand

Pourtant, la plupart de ces peuples-là sont oubliés tandis que l'histoire des Juifs est célébrée d'un bout à l'autre du monde. Pourquoi ?
Il faut que vous imaginiez, il y a des milliers d'années, de petits groupes d'hommes et de femmes, à peu près démunis de tout, ne possédant que quelques ânes, quelques moutons, de rares chameaux, qui parcourent cette Mésopotamie – l'actuel Irak – où ont surgi les plus anciennes civilisations de l'histoire de l'humanité. Le chef de l'un de ces groupes – on disait : une tribu – s'appelle Abraham. Un jour, il y a quatre mille ans, Abraham a décidé, avec son père Térah, de quitter la région d'Our, l'une des plus vieilles villes du monde. Rassemblant ses troupeaux, la tribu les a suivis. Cette marche harassante à travers plaines, montagnes et déserts les a conduits jusqu'à la ville d'Harân, au sud de la Turquie actuelle, où Térah est mort. Là, Abraham a entendu une voix dont il n'a pas douté qu'elle était celle de Dieu. Souvenez-vous toujours de cette différence essentielle : les peuples de ce temps-là – tous – adorent des quantités de dieux. Abraham croit à un Dieu *unique*. C'est de lui qu'il a reçu cet appel :
– Quitte ton pays, ta parenté et la maison de ton père, et va dans le pays que je te montrerai. Je ferai naître de toi une grande nation.
Il a obéi, s'est dirigé vers la Méditerranée pour gagner le pays de Canaan, célèbre pour ses terres fertiles, ses ombrages apaisants, ses eaux en abondance, et dont on disait, tant il était attirant, que le miel y coulait partout : vous comprendrez pourquoi, après l'aridité des déserts, Abraham y a vu la *Terre promise*.

Israël veut dire : Que Dieu règne !

Combien sont-ils, ces nomades qui vont cesser d'errer pour se fixer dans les plaines côtières de l'actuel État d'Israël ? Quelques milliers tout au plus. Logiquement, ils devraient être absorbés par les populations qui y sont déjà implantées. Ils ne le sont pas. Pas plus qu'ils ne s'étaient fondus parmi les peuples de Mésopotamie. Pour une seule raison – oui, une seule : ils croient en un Dieu *unique* et les autres n'y croient pas.

Huit siècles plus tard, Moïse arrachera d'Égypte les Juifs en esclavage : au nom du Dieu *unique*. Le même Moïse, au sommet du mont Sinaï, s'entendra dicter les Tables de la Loi : celles du Dieu *unique*.

Ainsi, à travers cette croyance exaltante, s'est formé, continué, soudé le peuple d'Israël. Le mot hébreu Israël signifie : *Que Dieu règne*. Il désigne à la fois le peuple juif et le territoire de ce peuple.

MOÏSE ET LES TABLES DE LA LOI
C'est ainsi que le grand peintre français Philippe de Champaigne le représente au XVIIe siècle. Après avoir libéré son peuple de la captivité égyptienne, Moïse avait reçu de Dieu, au sommet du mont Sinaï, les Dix Commandements auxquels obéirent depuis, non seulement les Juifs, mais les chrétiens.

Les Juifs ont connu la gloire des règnes éclatants de David et de Salomon. Ils ont subi d'inimaginables calamités, succombant sous les assauts d'ennemis redoutables. Ils ont été vaincus, écrasés, déportés.

Ce qui les a toujours soutenus, c'est une certitude invincible : Dieu a fait d'eux le *peuple élu* (ici élu veut dire *choisi*). Il les a investis d'une mission sans égale : apprendre à tous les égarés que la vérité découle de Dieu. De lui seul.

Au temps de Joseph et Marie, il n'est pas un Juif qui ne vive dans cette foi absolue : Dieu veille sur Israël. Espérer en lui, c'est attendre le jour où sa Lumière, justice suprême, se révélera au monde, récompensant ceux qui croient, condamnant ceux qui refusent la vérité.

Pas un Juif ne doute que ce jour viendra. Dieu l'a annoncé : il enverra à son peuple un *Messie* qui le délivrera, pour l'éternité, de tous les maux que subissent les hommes de la terre. C'est par le Messie que sera définitivement assuré le règne d'Israël.

Cela, comme tous les Juifs, Marie et Joseph le ressentent intensément. Quand ils pensent au Messie, ce qui monte en eux, c'est un enthousiasme presque douloureux.

On l'attend depuis des siècles, ce Messie. Le verront-ils ?

Le roi et le charpentier

LE ROI DAVID
Il apparaît ici dans un manuscrit du Xe siècle. David vivait vers l'an 1000 avant notre ère. Gendre du roi juif Saül, il combattait les chagrins de celui-ci en jouant de la lyre. Chef religieux et chef militaire, il fut aussi un grand poète et le compositeur de nombreux chants religieux : les psaumes.

Donc Joseph descend du roi David.

Voilà qui vous étonne. Comment le sang d'un roi peut-il couler dans les veines d'un simple charpentier ? Si cela est vrai, comment les gens de Nazareth le savent-ils ? Comment, d'ailleurs, Joseph le sait-il lui-même ?

C'est tout simple. Les rois d'autrefois prenaient souvent plusieurs femmes qui leur donnaient beaucoup d'enfants. Quelques-uns de ceux-ci exerçaient des fonctions princières, mais le plus grand nombre se perdait parmi la population. Ce qui n'empêchait pas leurs descendants de conserver pieusement, de père en fils, le souvenir de cette illustre origine.

Ne croyez pas que de telles choses soient impossibles aujourd'hui : il y a quelques années, un descendant de Napoléon était employé de métro.

Je suis prêt à parier que d'être fiancée à un descendant de David ne fait à Marie ni chaud ni froid. Fiancée d'un brave homme, pour elle, c'est là seulement ce qui compte.

Chez les Juifs, l'annonce publique des fiançailles crée des liens quasi officiels. Presque aussi forts que le mariage lui-même.

La fiancée n'habite pas chez son fiancé, mais elle s'engage à lui être fidèle. Si elle tombe amoureuse d'un autre, si elle cède aux beaux discours d'un séducteur, on considère qu'elle a commis le péché d'*adultère*. Or l'adultère est puni de mort...

Ce sont là des perspectives qui laissent Joseph et Marie parfaitement paisibles. Marie respecte trop la loi de Dieu, elle estime trop Joseph pour se laisser aller à de tels entraînements. Quant à Joseph, il lui suffit de porter ses regards vers cette enfant rayonnante de pureté pour chasser de son esprit toute appréhension.

Je vous salue, pleine de grâce

Nazareth dort au soleil. L'été, la chaleur est si forte que, dans les premières heures de l'après-midi, chacun se claquemure chez soi, à la recherche d'un peu d'ombre et de fraîcheur. Point de lits dans la salle commune : des nattes jetées à même la terre battue. Sur l'une d'elles, la petite Marie s'est pelotonnée. Tout est silence. Seulement au loin l'aboiement d'un chien. Plus près, le chant des grillons. Dans la pièce, le bourdonnement de quelques mouches importunes.

Soudain l'incroyable se produit.

Je dis bien l'*incroyable*. Jugez-en.

Qu'est-ce donc qui a tout à coup éveillé Marie ? Une lumière qui l'a éblouie ? Une présence qui l'a alertée ?

Ouvrant les yeux, ce qu'elle découvre là, devant elle, c'est un inconnu. Un étranger dans la chambre où se tient une jeune fille peut être animé de mauvaises intentions. Elle devrait être effrayée, crier, appeler. Elle ne le fait pas. Tout de suite, elle a su que *ce n'était pas un homme*.

Et voici que l'être mystérieux parle. Sa voix emplit la salle aux murs de torchis blanchis à la chaux :

– Je te salue, Marie, pleine de grâce. Le Seigneur est avec toi. Tu es bénie entre toutes les femmes.

Elle l'écoute, effarée, tremblante. Est-ce une créature du démon qui lui parle ?

L'inconnu répond avant même qu'elle ait osé formuler la question : il est l'ange Gabriel et tient sa mission du Tout-Puissant.

Un ange ? Chez elle, la petite Marie ? Elle le croit, mais elle tremble. L'ange la rassure :

– Ne crains point, Marie. Tu as trouvé grâce devant Dieu... Voici que tu enfanteras un fils, et tu lui donneras le nom de Jésus. Il sera

LA SERVANTE DU SEIGNEUR
Une nouvelle image de la Vierge, celle que l'on doit à un peintre italien du XVe siècle, Antonello da Messina.

grand. On l'appellera le Fils du Très-Haut. Le Seigneur lui donnera le trône de David, son père... Et son règne n'aura pas de fin. Un fils ? Le Fils du Très-Haut ? Le trône de David ? Un règne qui ne finira pas ? Les phrases inouïes s'entrechoquent dans la tête de Marie.
On serait venu lui annoncer qu'elle épouserait un prince, ou qu'elle serait la femme la plus riche du village, à la rigueur elle aurait pu le croire.
Mais l'ange parle de Dieu. Et d'un fils que Dieu lui donnerait ! A elle ! Voilà qui dépasse son entendement. Elle ne peut, elle ne veut pas le croire. Pourquoi Dieu aurait-il choisi Nazareth, cette bourgade ignorée ? Et pourquoi elle à qui jamais personne ne porte attention ?
Une invraisemblance capitale lui assiège l'esprit. Comment pourrait-elle avoir un enfant ? Elle sait bien qu'un bébé ne peut naître que si un homme et une femme apportent chacun leur part. Obéissante à la Loi, elle n'a jamais permis à Joseph de l'approcher. Alors ?
Elle balbutie :
– Comment cela se fera-t-il puisque je ne connais pas d'homme ?
Catégorique, la réponse de l'ange :
– L'Esprit-Saint va descendre sur toi. La puissance du Très-Haut te couvrira de son ombre. C'est pourquoi l'être saint qui naîtra de toi sera appelé Fils de Dieu.
Elle était stupéfaite, accablée. Maintenant, c'est une grande paix qui descend en elle.
Elle murmure :
– Je suis la servante du Seigneur.
Et, plus bas encore :
– Qu'il en soit fait selon ta parole.
Alors l'ange a disparu.

Vous êtes bénie entre toutes les femmes

Nazareth poursuit sa petite vie. Dans son atelier, la scie de Joseph entame les planches odorantes. Les enfants à demi nus courent dans la poussière. Les bergers poussent devant eux moutons et chèvres que l'on mène plus haut, sur les collines.

Rien n'a changé. Et pourtant, pour une fille-enfant tout a changé. Ce qui lui est arrivé, elle ne l'a confié à personne, pas même à Joseph. Mais elle y pense à toute heure du jour, à toute heure de la nuit. L'obsession lui pince le cœur, lui serre l'estomac, lui agresse l'esprit.
D'autres que Marie ont été l'objet de ce que l'on appelle parfois des « visions ». Tous ils en sont sortis tenaillés par l'angoisse. Tous ils se sont demandé s'ils n'avaient pas été la proie d'un rêve. Marie n'oublie rien des paroles de l'ange. Une phrase qu'il lui a dite court dans son esprit :
– Voici qu'Élisabeth, ta parente, a conçu, elle aussi, un enfant. Elle qu'on disait incapable d'enfanter, elle aura un fils dans sa vieillesse. Elle en est déjà à son sixième mois.
Il est bien vrai que la cousine Élisabeth n'est jamais parvenue à avoir d'enfant. Et maintenant elle a passé l'âge d'en avoir. Comment serait-elle enceinte ?
Un jour, Marie croit. Le lendemain, elle doute.
Pourquoi ne pas se rendre chez Élisabeth ? Là, elle saura.
Élisabeth habite en Judée. La Judée est loin, plus de cent kilomètres. Qu'importe ! Marie s'est jetée sur le long chemin.
La voici devant sa cousine. Celle-ci est l'épouse d'un certain Zacharie qui s'est consacré à Dieu : la religion juive autorise le mariage des prêtres. A peine se sont-elles saluées qu'Élisabeth tressaille : l'enfant qu'elle porte – c'est donc vrai ! – vient de bouger dans son ventre.
Un flot de paroles vient aux lèvres d'Élisabeth. Elle les sent dictées par une volonté plus forte que la sienne. Tournée vers Marie, elle s'écrie :
– Tu es bénie entre toutes les femmes. Le fruit de tes entrailles est

LA « VISITATION »
C'est le nom que la tradition donne au séjour de Marie chez sa cousine Élisabeth. Il ne faut pas chercher sur cette toile l'exactitude des costumes, car elle a été peinte en 1460 par un maître de la région du haut Rhin. Le peintre a admirablement rendu la réaction des deux femmes. On croit entendre l'exclamation d'Élisabeth: « Heureuse celle qui a cru ! »

béni !... Heureuse celle qui a cru ! Car elles s'accompliront, les choses que le Seigneur a fait annoncer !
Marie ne doutera plus. Jamais. A la prodigieuse mission qui lui a été assignée, elle se donne. Tout entière. Accablée parfois – comment ne le serait-elle pas ? –, plus souvent priant Dieu d'en être digne.
Elle reste plusieurs semaines chez Élisabeth et Zacharie. Puis elle reprend le chemin de Nazareth où l'attend Joseph.
Il ne sait toujours rien.

Tu lui donneras le nom de Jésus

Les copeaux volent dans l'atelier. Joseph a compté les jours, puis les heures. Il en est aux minutes. Quand donc Marie, sa chère Marie, reparaîtra-t-elle devant lui ?
La porte s'ouvre. Elle est là, immobile, grave, tendue. La vérité saute aux yeux : elle attend un enfant.
Joseph pourrait appeler sa famille, les voisins, dénoncer Marie, les prendre à témoin de son infortune. Mais ce serait l'accuser d'adultère. Il sait de quelle façon on fait périr les femmes adultères : on les *lapide*, ce qui veut dire qu'on leur jette des pierres jusqu'à ce qu'elles meurent.
Joseph est un homme bon. Il décide de garder pour lui son chagrin et simplement, sans scandale, de rompre les fiançailles.
Marie s'en est allée, cachant ses larmes. Joseph est resté seul. Désespéré. La nuit tombe sans qu'il soit sorti de ce chagrin qui le brise. Il s'étend sur sa natte. Il s'endort.
Or, dans son sommeil, voici qu'un ange lui apparaît. Oui, encore un ange. Que dit-il ? Ceci :
– Joseph, fils de David, ne crains pas de prendre avec toi Marie, ton épouse, car ce qui est formé en elle est l'ouvrage du Saint-Esprit. Et elle enfantera un fils et tu lui donneras le nom de Jésus.
Le lendemain matin, Joseph frappe à la porte de Marie. Que d'espoir dans les yeux de la jeune fille, quand elle ouvre ! Son fiancé ne lui parle que d'une chose : leur mariage. Il faut fixer la date. Après quoi ils vivront ensemble.
Dès lors, pas un habitant de Nazareth n'en doutera : l'enfant qu'attend Marie a pour père le charpentier.

Des anges parmi les hommes

Vous vous étonnez : Joseph aussi bien que Marie ont trouvé toute naturelle la présence de ces anges auprès d'eux. J'en suis désolé pour vous, mais je suis sûr qu'aucun ange ne vous est jamais apparu. A moi non plus, d'ailleurs, et je le regrette, croyez-le bien.

LES ANGES
Un détail du « Retable des Bourbons » par le Maître de Moulins. Le peintre leur a donné, conformément à une antique tradition, des ailes.

Vous devez comprendre que les Juifs de ce temps vivaient dans une ambiance qui, à toutes les heures de leur vie, était imprégnée par la lecture ou le souvenir de leur livre sacré : la Bible. Il n'existe aucun texte semblable dans l'histoire de l'humanité. La Bible contient à la fois l'histoire du peuple juif, et aussi les textes inspirés recueillis au long des siècles par quelques hommes que Dieu avait choisis pour leur faire entendre sa parole : les *prophètes*.

Les Juifs du temps de Joseph et Marie connaissent chaque chapitre, chaque page de la Bible. Ils savent par elle comment Dieu a créé l'univers en le tirant du néant. Ce qui nous surprend le plus aujourd'hui, c'est que, grâce aux plus récents moyens d'observation de l'espace, nous avons pu découvrir que notre univers – si gigantesque que notre imagination ne parvient pas à en concevoir l'immensité – est né, il y a des milliards d'années, d'un point minuscule qui, à un moment donné, a explosé pour grandir sans cesse, se répandant en galaxies, soleils et planètes.

Jugez si ceci n'est pas extraordinaire : ces Juifs qui campaient sous des tentes et menaient la plus primitive des existences ont soupçonné ce que nous croyons avoir été les premiers à découvrir. Les premières pages de la Bible relatent la création du monde comme il nous semble qu'elle s'est produite : « Au commencement Dieu créa le ciel et la terre... » Et encore : « La terre était informe et vide ; les ténèbres couvraient l'abîme... »

Sur notre planète, ayant séparé les mers et les terres, Dieu a fait naître la vie. De celle-ci sont sorties les espèces végétales et animales. De la dernière a surgi, après tous les animaux, *l'homme*.

Dans cette même Bible, on découvre que, si le corps humain est fait pour mourir, l'esprit ne meurt pas. Après la mort, *l'âme* quitte le corps et, si le défunt a fait le bien, il survit pour rejoindre Dieu.

Pour les Juifs, l'espace était donc peuplé d'êtres que l'on ne voyait pas. Les meilleurs, autour de Dieu, étaient les anges.

Certains d'entre eux s'étaient révoltés contre ce même Dieu et avaient été chassés de sa présence. Ils étaient devenus des démons, toujours prêts à tenter les hommes et à leur conseiller de mal agir. Ces êtres nous côtoyaient sans que nous puissions les toucher ni les voir.
Voilà pourquoi Marie aussi bien que Joseph ne se sont nullement étonnés de voir paraître des anges devant eux. C'est pour eux chose *naturelle*.

Des Romains à Nazareth

Un grand cri s'élève dans Nazareth :
– Les Romains !
Un enfant les a vus entrer dans le village. En une course éperdue, il est venu prévenir ses parents. Ceux-ci se sont élancés de maison en maison pour porter la nouvelle.
Joseph et Marie, mariés depuis peu, sortent à leur tour de chez eux. Que viennent-ils faire, ces Romains ?

L'ÉDIT DE L'EMPEREUR AUGUSTE
A Nazareth, la foule se rassemble autour du cavalier venu lire l'édit de l'empereur sur le recensement. Tous les Juifs qui l'entendent sont perplexes à l'idée d'avoir à parcourir de longues distances pour se faire inscrire sur les listes.

On n'en a jamais vu à Nazareth. Ceux qui lèvent les impôts en leur nom sont des Juifs ralliés à l'occupant. On les méprise. Les voici. Au pas assuré de leurs chevaux, des cavaliers romains s'avancent, solidement campés sur leur selle, bien droits sous leurs casques à crinière, leurs cuirasses et leurs manteaux rouges.
Des officiers du roi Hérode les accompagnent. Hérode, le roi juif. A Nazareth chacun sait que la Palestine a un roi. Mais on sait aussi que, si Hérode règne, c'est parce que les Romains l'ont voulu. Pompée, illustre général romain, a conquis les pays du Proche-Orient. Quand il est entré à Jérusalem, en 63 avant notre ère, quelques années avant que Jules César n'entre en Gaule, les Juifs ont su que c'en était fait, une fois de plus, de leur liberté. Une vingtaine d'années plus tard, on apprend que Rome a nommé Hérode « roi des Juifs », et on se met à le détester. A Nazareth, comme à Jérusalem et dans tout le pays, on répète qu'Hérode est le « valet des Romains ». En l'an 6, sous le règne de l'empereur Auguste, on le dit toujours. A voix basse, car nul n'ignore la férocité d'Hérode : dès qu'il croit avoir à se plaindre de quelqu'un, il le fait mettre à mort.

L'édit de l'empereur Auguste

Au milieu du village, les Romains ont fait halte. Que de regards de haine posés sur eux! Chacun sait qu'ils exercent le vrai pouvoir. Leurs légions, campées en Syrie, veillent. De nombreux mercenaires occupent les grandes villes.
Un officier a sorti des fontes de sa selle une tablette de cire. D'une voix forte, il donne lecture du texte qui s'y trouve gravé. Joseph tend l'oreille. Il s'agit d'un édit – on dirait aujourd'hui un décret – de César Auguste, cet empereur qui règne sur trois millions de kilomètres carrés, le plus grand empire que des hommes aient fondé jusque-là. Avec ses deux mille kilomètres carrés, la Palestine ne forme évidemment qu'une parcelle misérable de ce colossal ensemble. L'Empire romain ne couvre-t-il pas une grande part de l'Europe, tout le nord de l'Afrique, une partie de l'Asie?
Qu'ordonne l'empereur Auguste? Que tous les sujets de l'Empire soient recensés.

LA PALESTINE AU TEMPS DE JÉSUS

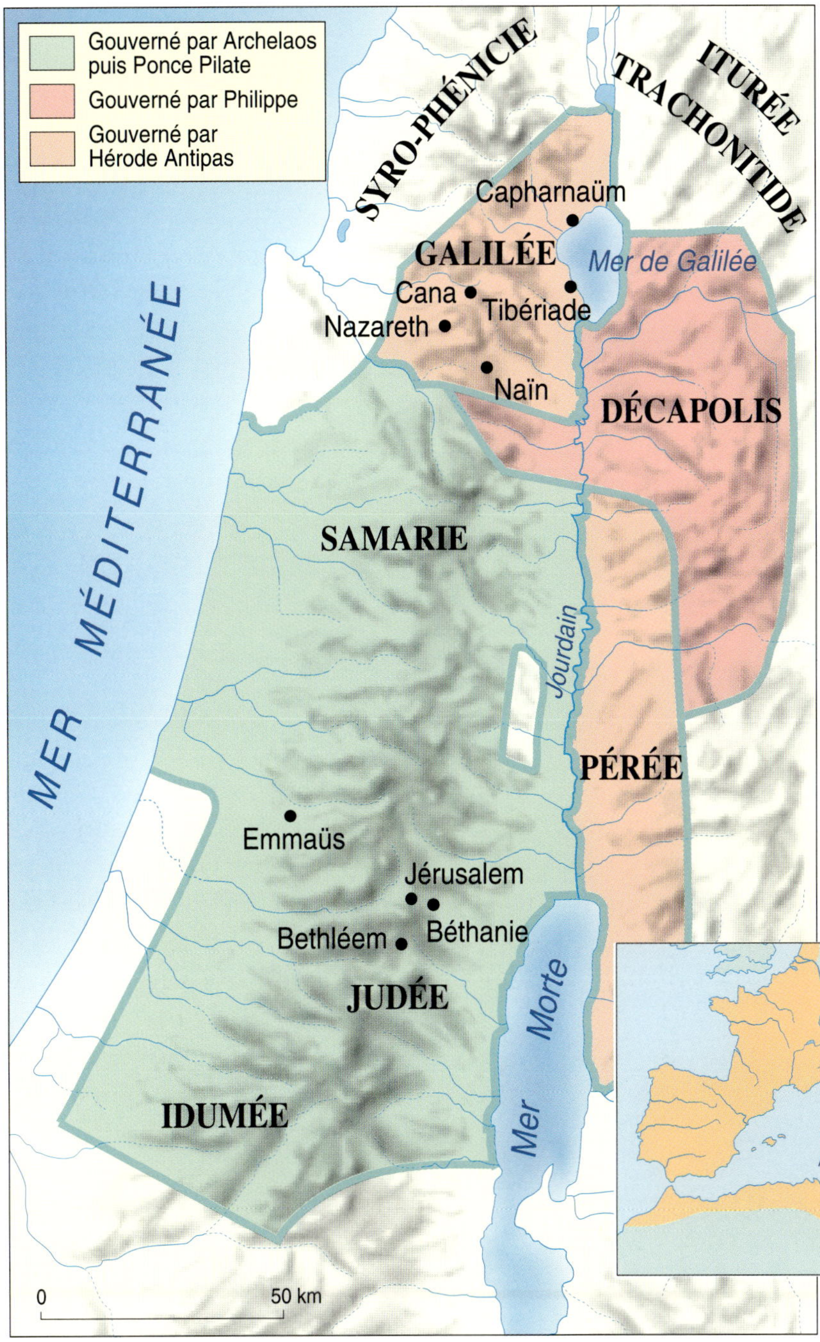

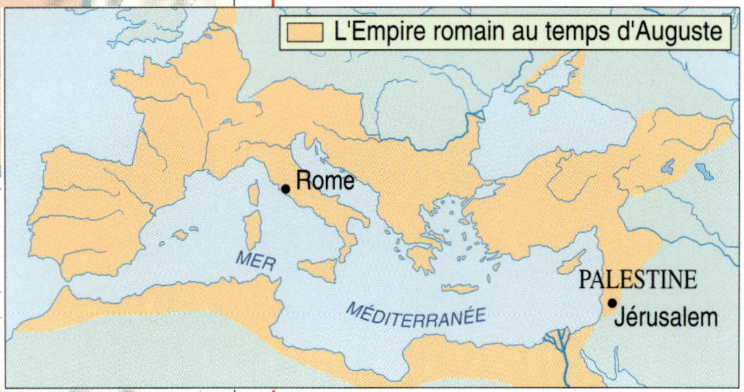

LES ROMAINS EN GALILÉE

Dans le siècle qui précède la naissance de Jésus, Rome, en plein essor, étend ses conquêtes dans le bassin méditerranéen. En 63 av. J.-C., un général nommé Pompée parvient devant une Palestine affaiblie, où il lui est facile de s'emparer de Jérusalem. Les Romains ne souhaitent pas administrer directement les nouveaux territoires conquis. Ils préfèrent instaurer des royaumes avec, à leur tête, des hommes à eux. C'est ainsi qu'en Palestine ils placent sur le trône Hérode, un Iduméen, peuple du sud de la Palestine judaïsé depuis peu. Après la mort d'Hérode en -4, la Palestine change de statut. Elle devient une province romaine et se voit partagée entre les trois fils d'Hérode : Archélaos est gouverneur de Judée, de Samarie et de l'Idumée (banni en 6 ap. J.-C., il sera remplacé par le gouverneur romain Ponce Pilate) ; Hérode Antipas est gouverneur de la Galilée et de la Pérée ; Hérode Philippe de Décapolis.

Aujourd'hui encore, à intervalles réguliers, notre gouvernement annonce un *recensement*. Vos parents sont tenus de remplir des questionnaires et d'indiquer le nombre de personnes qui vivent sous leur toit.
En l'an 6 avant notre ère, il en est exactement de même. Avec une différence de taille : chaque habitant de l'Empire doit aller se faire recenser dans la ville dont sa famille est originaire.
Les cavaliers romains se sont éloignés. Majestueux.
Songeurs, Joseph et Marie rentrent chez eux. En voilà un événement ! On s'en serait bien passé vraiment ! Impossible de désobéir. Il va donc falloir que Joseph parte pour Bethléem. C'est là en effet, dans cette ville de Judée, qu'a vécu, mille ans plus tôt, le roi David : l'ancêtre de Joseph. « La ville dont votre famille est originaire », proclame l'édit.
Marie vient d'accomplir son huitième mois de grossesse. Quand Joseph lui annonce qu'il partira seul, elle la timide, elle si soumise se rebelle. Elle l'accompagnera.
Joseph, tout étonné, la regarde. Inutile de discuter, il le sent bien. Il acquiesce.

UNE GROTTE EN JUDÉE
On a retrouvé de telles grottes en Israël, ici avec un triple foyer. Elles ne sont pas naturelles. Elles ont été creusées de main d'homme dans le flanc d'une colline. C'est vraisemblablement dans une telle grotte que Marie et Joseph trouvèrent refuge au moment où Jésus allait naître.

L'enfant, le bœuf et l'âne

Ils ont suivi le conseil de l'hôtelier, ils ont trouvé la grotte. Joseph a rassemblé dans un coin la paille que les bergers conservaient pour les bêtes. Il en a fait un lit sur lequel Marie s'est allongée.
Cet épisode capital, nous le connaissons par l'un des évangélistes, Luc. Vous allez voir que les évangiles disent beaucoup de choses en peu de mots :
« Or, pendant qu'ils étaient en ce lieu, le temps où elle devait enfanter s'accomplit. Elle mit au monde son fils premier-né, l'enveloppa de langes et le coucha dans une crèche. »

L'ADORATION DES BERGERS
C'est un peintre flamand du XVe siècle, Hugo Van der Goes, qui a peint l'adoration de l'Enfant Jésus par les bergers. Il a naturellement laissé parler son imagination. La Vierge Marie est vêtue comme une grande dame du XVe siècle. Il en est de même de Joseph (à gauche), des bergers (en haut à droite), des anges (en bas à droite).

Une crèche ? Vous connaissez bien le mot. Nombre d'entre vous, à Noël, disposent, dans un décor qui imite des rochers, les personnages de la crèche. Vous en déduisez que *crèche* est le nom que l'on a donné à la grotte où est né le fils de Marie. Erreur. Une crèche était une mangeoire. C'est donc une mangeoire qui a tenu lieu de berceau au bébé.
Dans votre crèche de Noël, de part et d'autre du petit Jésus, vous placez naturellement Marie et Joseph. Vous ne manquez pas d'ajouter derrière eux un bœuf et un âne.

Je vais vous décevoir : l'Évangile ne parle nullement du bœuf et de l'âne. C'est bien plus tard qu'on les voit apparaître dans ces récits souvent pleins de charme, mais débordants d'imagination, que l'on appelle les évangiles apocryphes. Apocryphe veut dire faux, fabriqué. C'est dans l'un de ces textes douteux, l'« évangile » de la *Nativité*, que l'on voit apparaître le bœuf et l'âne.
Un conseil pourtant : continuez de placer le bœuf et l'âne dans votre crèche. Pourquoi n'auraient-ils pas été là ?

Des bergers dans les champs

Dans la campagne de Bethléem, comme la nuit est douce ! A ce point que les bergers n'ont pas rentré les troupeaux. Les bêtes dorment sous les étoiles. Quant aux bergers, ils sommeillent auprès d'elles. Ceux qui restent éveillés échangent à mi-voix des propos sans importance.
Sans importance, vraiment ? Comme tous les Juifs de leur temps, les bergers soupirent souvent en se remémorant cette antique lamentation : quand donc viendra le Messie qui nous rendra la liberté ?
Cette nuit-là, sous la voûte étoilée, les paroles du prophète Michée sont peut-être revenues à l'esprit de quelques-uns des bergers : n'a-t-il pas prédit qu'à Bethléem, en Judée, devait naître celui qui redonnerait sa gloire au peuple juif ? « Et toi, Bethléem, terre de Juda, tu n'es certes pas la moindre entre les principales villes de Juda car de toi sortira un chef qui sauvera Israël, mon peuple ! »

Une lumière dans la nuit

Tout à coup, parmi ces bergers qui songent ou chuchotent, l'imprévisible surgit.
Brusquement, la nuit s'illumine. D'où cette lumière peut-elle venir ?
Et voici qu'un personnage qui leur est inconnu apparaît devant eux. C'est de lui, de toute sa personne que rayonne la lumière.
Quelqu'un, le premier, croit comprendre :
– Un ange !

Et voici que cet ange parle :
– Ne craignez point, car je vous annonce une bonne nouvelle. Tout le peuple sera dans la joie. Aujourd'hui, dans la ville de David, un sauveur vient de naître qui sera le Messie. Vous le reconnaîtrez à ce signe : c'est un nouveau-né enveloppé de langes qui gît dans une mangeoire.
De nouvelles formes les entourent, les encerclent. D'autres anges ? La lumière se fait de plus en plus vive, des chants et des musiques retentissent ; des paroles aussi où l'on entend acclamer le nom de Dieu. Et puis c'est le silence. La nuit de nouveau enveloppe les bergers. Ils se regardent, ahuris.
Il faut qu'ils en aient le cœur net. Pêle-mêle, ils se mettent à courir. Ils voient dans l'une de leurs étables trembler la flamme d'une lampe à huile. Ils s'y jettent.
Écoutez de nouveau l'évangéliste Luc : « Ils trouvèrent Marie, Joseph et le nouveau-né dans la crèche. Et, l'ayant vu, ils publièrent la révélation qui leur avait été faite, touchant cet enfant. Puis ils s'en repartirent, louant et glorifiant Dieu. »
Cet enfant, ses parents vont l'appeler Jésus. Comme il leur avait été ordonné.

*UN ANGE
EN PRIÈRE*
*Détail de l'œuvre
de Hugo Van der Goes
(page 25).*

JESUS DE NAZARETH

Ci-contre à droite :
LA CIRCONCISION DE JÉSUS
Au XVe siècle, un artiste inconnu a peint cette œuvre naïve. Elle reflète la préoccupation visible de l'auteur de reproduire l'événement tel qu'il s'est passé : cela s'appelle un souci de réalisme (musée Condé, Chantilly).

Double page précédente :
L'ENFANCE DE JÉSUS
A droite de ce dessin, le bébé que Joseph et Marie sont venus présenter au temple de Jérusalem a été reconnu par le vieillard Siméon. Celui-ci s'en est saisi et l'élève entre ses mains, alors que la vieille Anne, derrière lui, s'extasie. Les mages regardent devant eux vers ce « roi des Juifs » qu'ils sont venus chercher cependant que l'étoile les guide. En bas à gauche, vous reconnaissez la scène tragique du massacre, sur l'ordre d'Hérode, de tous les petits garçons de moins de deux ans de la région de Bethléem. Au centre, Jésus accompagne Joseph jusqu'au lac de Tibériade. Le même Joseph lui apprend à lire dans le livre sacré des Juifs, la Torah. En haut à gauche, la foule se presse pour pénétrer dans ce temple d'Hérode où, à douze ans, Jésus suscite la stupéfaction des prêtres par sa connaissance des textes religieux et l'interprétation que, si jeune, il leur en donne.

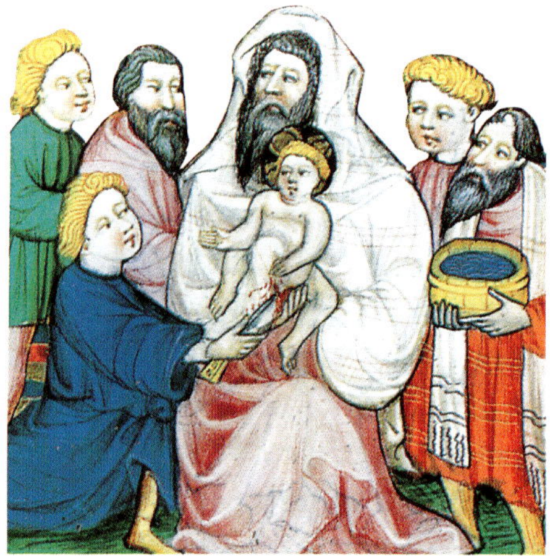

Dans les bras de Joseph, le bébé est nu. Un couteau aiguisé à la main, le prêtre s'avance. Il saisit ce petit bout de chair que les garçons ont au bas du ventre et, d'un seul coup, tranche la peau qui pend à son extrémité. Ce geste, dans la religion juive, s'appelle la circoncision.

Le bébé hurle. Joseph et Marie n'en mènent pas large : qui aimerait voir son enfant souffrir et son sang couler ?

Le prêtre sait qu'il faut faire vite. Déjà il verse sur la plaie de l'huile et du vin mêlés. L'enfant s'apaise. Marie l'enveloppe dans ses langes, le serre contre son sein.

Ce jour-là, huit jours exactement après sa naissance, l'enfant reçoit officiellement son nom : Yechoua. Nous, nous disons Jésus, mais il s'agit d'une traduction. Ce prénom, alors très répandu, signifiait : « Dieu nous sauve. »

Des mages arrivent à Jérusalem

Un tel cortège dans les rues de Jérusalem, assurément on n'en voit pas tous les jours. La foule s'écarte pour admirer les chameaux, des bêtes splendides, mais aussi leurs selles magnifiques, leurs harnais enrichis d'or et de pierres précieuses. Au milieu de la cohorte des serviteurs, nul n'a de peine à distinguer les maîtres. Trois hommes au fier maintien, enveloppés dans des vêtements d'une incroyable richesse, celle que seul l'Orient peut procurer. Viennent-ils de Babylone ou d'ailleurs ? En tout cas, ils sont trois.

Ces hommes – dont on dira plus tard qu'ils s'appelaient Gaspard, Melchior et Balthazar – sont des mages. Des hommes qui, en étudiant les astres, tentent de percer les secrets de la vie. En ce temps, il n'existe pas de télescope. Les astrologues ne disposent que de leurs yeux pour scruter la voûte céleste. Mais ces mages-ci ont fait une bien étrange découverte. Ils ont vu surgir dans le ciel une nouvelle étoile. Vous devez savoir que,

pour eux, la forme de certains groupes d'étoiles, la place d'une planète, le parcours d'une comète, tout cela avait un sens.
Le calcul auquel ils ont procédé les a laissés stupéfaits : l'apparition de cette étoile inconnue, la place qu'elle occupait parmi les autres, cela signifiait qu'était né un *nouveau roi des Juifs*. Aucun doute.
A l'adresse des sceptiques – il s'en trouve sûrement parmi vous – j'indiquerai simplement ce qu'a découvert le grand astronome Kepler : à cette époque s'est produite, dans le signe des Poissons, une conjonction entre les planètes Jupiter et Saturne. Ce phénomène, visible à l'œil nu, a eu lieu en l'an 6 avant notre ère. L'année même de la naissance de Jésus[1].
Ce que les mages ont lu dans le ciel leur a paru si surprenant qu'ils ont quitté leur pays. Brûlant les étapes, ils se sont dirigés vers la Palestine. Ils viennent d'entrer à Jérusalem. Partout ils posent cette question :
– Où est le roi des Juifs qui vient de naître ?

Nous avons vu son étoile en Orient

Les gens à qui ils s'adressent restent perplexes. Personne ne leur a parlé de rien. Un roi, ils n'en connaissent qu'un. Malheureusement, c'est le terrible Hérode.
Les mages insistent. Ils sont sûrs d'eux :
– Nous avons vu son étoile en Orient et nous sommes venus l'adorer !
Ils se font conduire jusqu'au palais d'Hérode, insistent tant et tant que le roi les reçoit. Voilà un tyran encore plus étonné que ses sujets. D'abord plongé dans un tumulte de pensées inquiètes, il finit par indiquer à ces visiteurs inattendus que, selon les prophètes, Dieu doit faire naître à Bethléem un Sauveur qui rendra aux Juifs leur grandeur perdue. Qu'ils aillent à Bethléem et, au retour, qu'ils viennent l'informer de ce qu'ils ont vu !

L'ADORATION DES MAGES
L'auteur de ce tableau ne se préoccupe pas de vraisemblance. Il a cherché à peindre une œuvre d'art et rien d'autre. A l'arrière-plan, l'une des armées en présence s'avance en arborant le drapeau de l'islam, la religion de Mahomet qui est né près de six siècles après Jésus.

1. Un certain nombre d'informations nous permettent de considérer cette date comme la plus probable. C'est à la suite d'une erreur de calcul d'un moine, Denys le Petit, que le début de l'ère chrétienne fut situé six ans après la date réelle de la naissance de Jésus.

Lorsque les mages sortent du palais, la nuit est tombée. Peu leur importe. Ils rassemblent leurs chameaux ainsi que leurs serviteurs et prennent aussitôt le chemin de Bethléem.
Dans le ciel, pas un nuage. La nuit est claire.
Des milliers d'étoiles tremblent dans le ciel. Soudain, les mages en reconnaissent une. Celle qu'ils avaient vue en Orient!
« Et voici que l'étoile, dit l'évangéliste Matthieu, allait devant eux : jusqu'à ce que, au-dessus du lieu où se trouvait l'enfant, elle s'arrêtât. »
Vous pouvez bien penser que Joseph et Marie, après la naissance de Jésus, ne sont pas restés longtemps dans leur grotte. Ils ont trouvé asile dans une maison de Bethléem. C'est très exactement au-dessus de celle-ci que l'étoile vient de s'immobiliser.
Le récit de Matthieu, encore : « Les mages trouvèrent l'Enfant avec Marie, sa mère, et, se prosternant, ils l'adorèrent puis, ouvrant leurs trésors, ils lui offrirent de l'or, de l'encens et de la myrrhe. »
L'or, c'est ce que les peuples donnent aux rois. L'encens est cette résine qui brûle avec une odeur si prenante et que l'on offre à Dieu. La myrrhe est un parfum coûteux que les Juifs répandaient souvent sur les morts avant de les ensevelir.

JÉRUSALEM AUJOURD'HUI
Cette vue au crépuscule nous montre toute la grandeur de la ville. Elle reste entourée (en bas au premier plan) par ses remparts. Dans le lacis de certaines ruelles, on peut se croire plongé à l'époque de Jésus. Partout, à Jérusalem, se mêlent les souvenirs des Juifs, des chrétiens, des musulmans. Au centre de la photo, la mosquée d'Omar, avec son dôme doré, s'élève à l'emplacement même des temples de Salomon et d'Hérode.

Faire halte à tes portes, ô Jérusalem !

Une fois de plus, Joseph tire la corde de l'âne sur lequel Marie est assise, son bébé dans les bras. Depuis l'accouchement, c'est la première sortie de la mère et de l'enfant. Où vont-ils ? A Jérusalem.
La loi juive – la Torah – est formelle : la femme qui vient d'accoucher doit se rendre au Tem-

ple. Les Juifs estiment que, pendant quarante jours, une femme qui a enfanté est impure, ce qui veut dire que le sang et les autres matières qu'elle a perdus quand l'enfant est né l'ont souillée : une sorte de pollution du corps. Seule la visite au Temple peut la purifier.
Joseph et Marie auraient pu choisir de se rendre à la synagogue de Bethléem. Ils ont donné la préférence à Jérusalem. Tous les Juifs, il y a deux mille ans, rêvaient de découvrir Jérusalem, de visiter la merveille des merveilles, la Ville des Villes, cette cité que Jérémie, l'un de ces hommes à qui Dieu avait parlé – un *prophète* –, avait jugée ainsi : « La plus belle, la plus parfaite, joie de toute la terre. »
Pourquoi se priver de ce bonheur ? Voilà pourquoi Joseph, avec une énergie décuplée, tire l'âne, sa femme et son enfant vers Jérusalem.

Mille prêtres et dix mille ouvriers

Effarés, bousculés, bouche bée devant tant de splendeur, Joseph et Marie tentent de se frayer un chemin à travers la cohue : les rues de Jérusalem sont si étroites que deux ânes chargés de leurs paniers ne peuvent se croiser. Depuis que les parents de Jésus ont franchi les énormes remparts, ils ne savent où donner de l'admiration : voici le palais des Asmonéens – le plus ancien –, voici l'Antonia, une forteresse imposante. Voici le palais d'Hérode.
Rien ne peut les détourner de leur but essentiel : le Temple. Mille ans plus tôt, le roi Salomon, fils de David, avait élevé un premier Temple, dont on chantait encore la magnificence. Il avait été détruit par Nabuchodonosor, roi de Babylone, en 587 avant notre ère. L'orgueilleux Hérode s'est juré de le reconstruire. Mille prêtres et dix mille ouvriers s'y sont consacrés depuis quatorze ans. En l'an 6, le Temple est toujours un chantier et cela durera encore trente ans plus tard. Les pèlerins n'en ont cure. Dès l'aube, ils s'y précipitent, crient leur joie et chantent des actions de grâces, les bras chargés des agneaux qu'ils destinent au sacrifice.
Si vos parents vous mènent un jour à Jérusalem – je vous le souhaite ! –, ne cherchez pas le Temple d'Hérode. Les Romains

Le temple d'Hérode

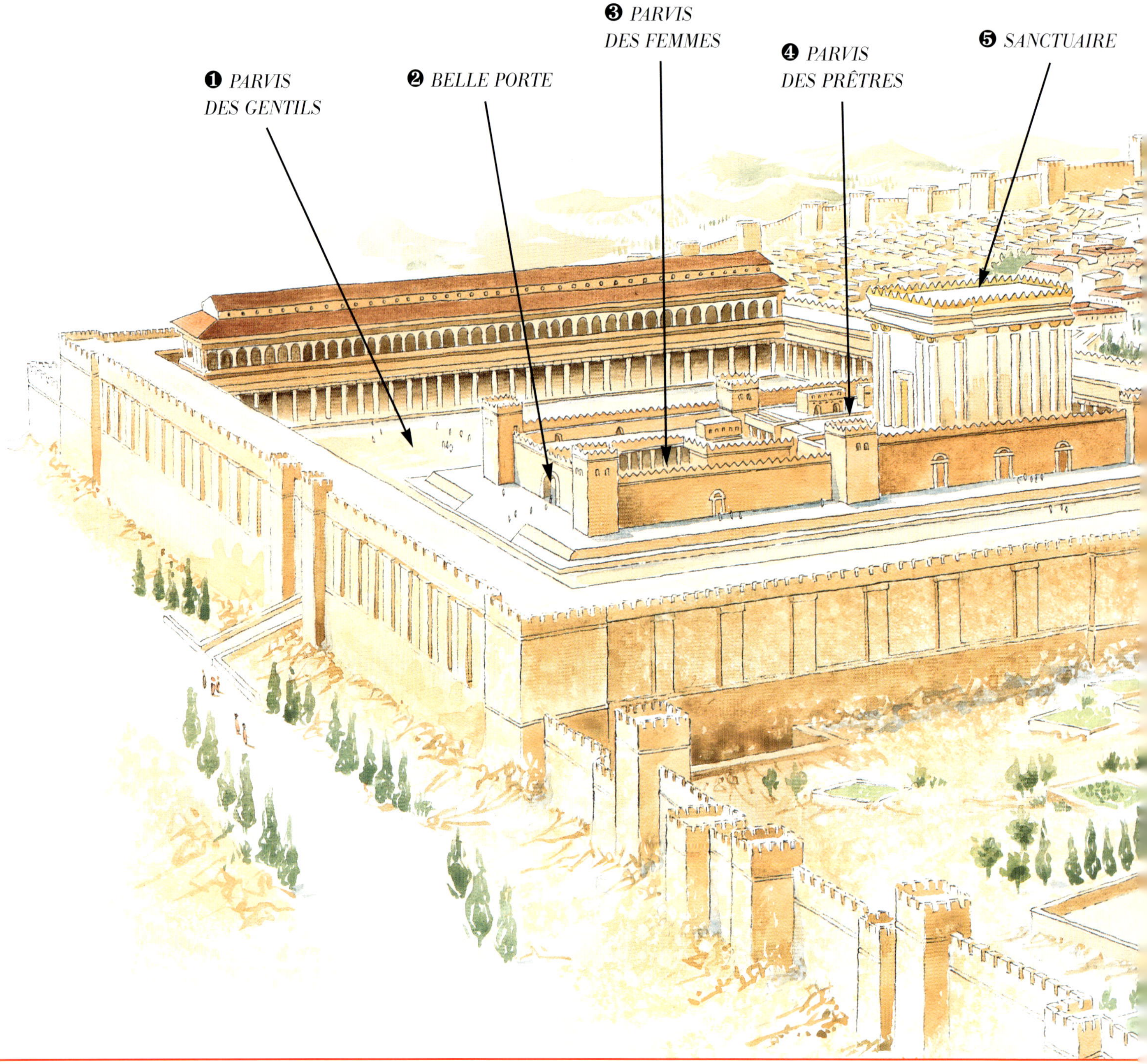

à Jérusalem

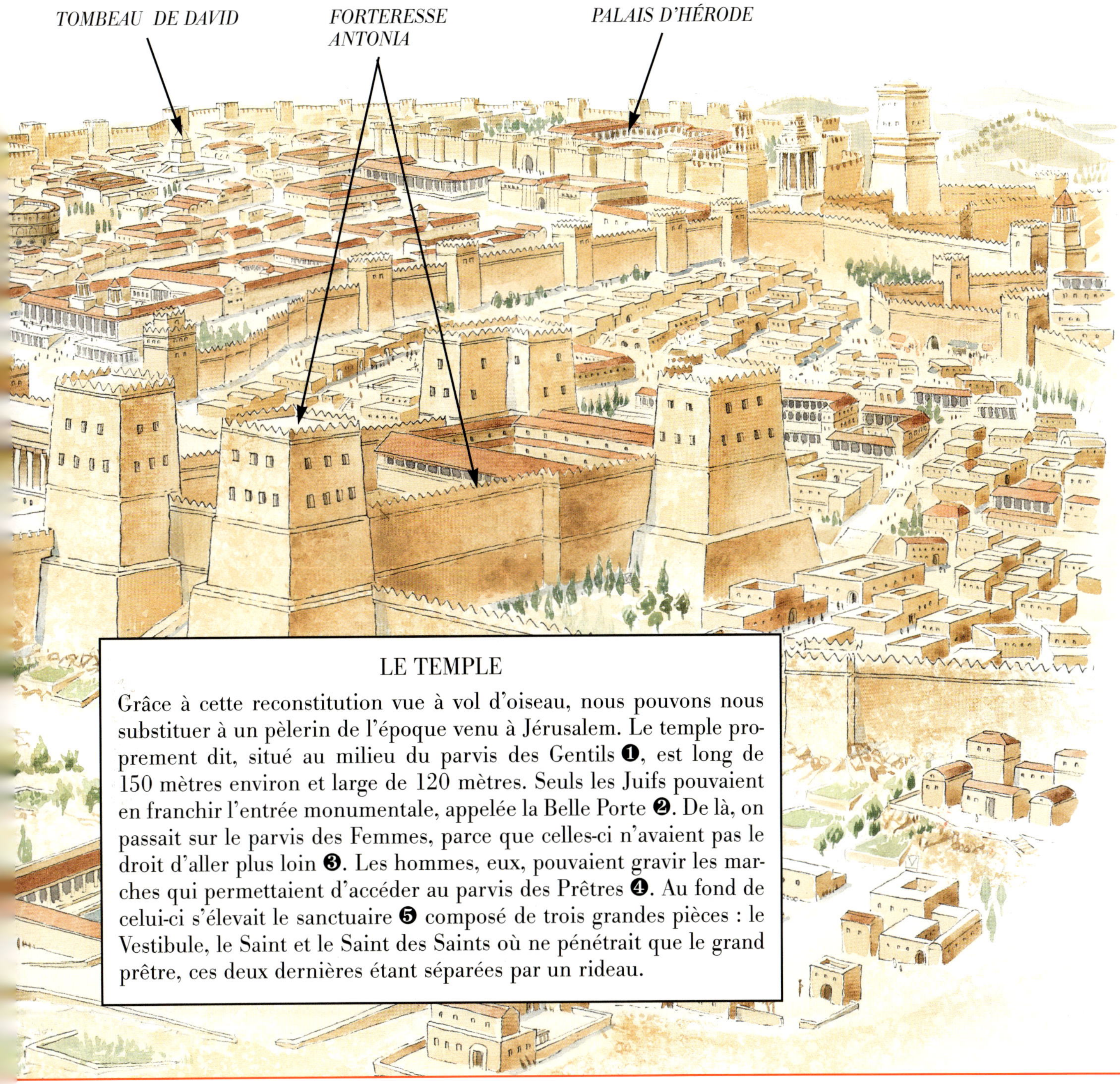

LE TEMPLE

Grâce à cette reconstitution vue à vol d'oiseau, nous pouvons nous substituer à un pèlerin de l'époque venu à Jérusalem. Le temple proprement dit, situé au milieu du parvis des Gentils ❶, est long de 150 mètres environ et large de 120 mètres. Seuls les Juifs pouvaient en franchir l'entrée monumentale, appelée la Belle Porte ❷. De là, on passait sur le parvis des Femmes, parce que celles-ci n'avaient pas le droit d'aller plus loin ❸. Les hommes, eux, pouvaient gravir les marches qui permettaient d'accéder au parvis des Prêtres ❹. Au fond de celui-ci s'élevait le sanctuaire ❺ composé de trois grandes pièces : le Vestibule, le Saint et le Saint des Saints où ne pénétrait que le grand prêtre, ces deux dernières étant séparées par un rideau.

l'ont détruit en l'an 70 de notre ère. A sa place s'élève un autre chef-d'œuvre de l'architecture, mais bien différent : la mosquée d'Omar. On y prie toujours Dieu. Seulement, les musulmans ont remplacé les Juifs.

LA PRÉSENTATION AU TEMPLE
Le peintre italien Luca Giordano a peint cette œuvre au XVIIe siècle. Nous nous garderons de nous étonner de voir des personnages vêtus et coiffés à la mode de son temps. Même le prêtre ressemble plus à un évêque catholique qu'à un rabbin ! Giordano fut surnommé Luca Fa Presto (Fais vite), à cause de la rapidité extraordinaire avec laquelle il avait l'habitude de peindre.

Jésus présenté au Temple

Joseph et Marie se sont agglutinés au cortège compact de ceux qui, patiemment, piétinent en attendant de franchir la porte monumentale du Temple. Cela donne au moins le temps de s'émerveiller. Songez que la surface totale du Temple couvre plus de quatorze hectares. Songez que l'enceinte extérieure

mesure au nord 320 mètres ; au sud, 280 ; à l'est, 485 ; à l'ouest, 515. Peut-être avez-vous vu – ou verrez-vous un jour –, à Athènes, cette merveille du monde qu'est l'Acropole. Sachez que l'enceinte du temple de Jérusalem était plus vaste que l'Acropole tout entière. Sa seule largeur était double de la sienne.

Joseph et Marie ont enfin franchi la porte monumentale. Ils se sont perdus dans le labyrinthe des parvis et des enceintes. Tout cela est colossal, écrasant, bouleversant.

Ils s'avancent, ces petites gens de Nazareth, humbles comme toujours, prêts à demander pardon à ceux qui les heurtent. La règle veut que l'on apporte aux prêtres un agneau que l'on sacrifiera. Si l'on est trop pauvre, deux tourterelles suffisent. Joseph les a achetées à l'entrée.

Dans les bras de Marie, le bébé dort. Mais pourquoi, parmi ces milliers de fidèles qui les entourent, un vieil homme, en les voyant, sursaute-t-il ? Pourquoi fait-il des pieds et des mains pour fendre la foule et s'approcher d'eux ?

Il s'appelle Siméon. Au Temple, on le connaît bien. Depuis des années, il vit dans la prière et les sacrifices. Il ressent si fortement la présence de Dieu qu'il est persuadé de voir, avant de mourir, le Messie. De toute son âme, il en espère la venue.

Le voici devant Marie. Il ne quitte plus des yeux l'enfant Jésus. Un bonheur sans limites illumine son visage. Sans que Marie songe à résister, il lui arrache le bébé, l'élève dans ses bras. Les paroles qu'il profère ressemblent à un chant. C'est à Dieu qu'il s'adresse :

– Maintenant, laisse ton serviteur s'en aller en paix !... Mes yeux ont vu la Lumière qui éclairera les nations et fera la gloire des enfants d'Israël !

Tout autour, les gens se sont arrêtés. Avec un étonnement que vous pouvons comprendre, ils entendent les étranges paroles de Siméon. Parmi eux, il y a une femme. Très vieille, elle aussi. Elle s'approche. Son nom est Anne, elle ne quitte jamais le Temple, jeûnant et priant pour servir Dieu. Devant l'enfant, elle s'arrête. Avec une voix dont la puissance surprend chez une femme aussi âgée, elle se met à louer Dieu. Elle s'écrie :

– Voici celui qui sauvera Israël !

Hérode ordonne de massacrer les petits enfants

Jérusalem grouille littéralement de policiers. Vous saurez un jour que toute tyrannie ne se soutient que par les services d'une police vigilante et implacable. Comment les événements surprenants qui se sont passés depuis quelques jours auraient-ils échappé aux policiers d'Hérode ?

Les bergers de Bethléem ont raconté ce qui s'était passé pendant la nuit de Noël. Les propos tenus au Temple par Siméon et Anne sont aussitôt venus aux oreilles des espions toujours présents dans ce lieu saint. L'histoire des mages n'a pu manquer de susciter beaucoup de questions. D'autant plus que ceux-ci, prudents, se sont bien gardés de repasser par Jérusalem.

Tout cela a donné lieu à des rapports : c'est la règle en matière de police. Et maintenant, dans son palais, Hérode lit et relit ces rapports. Ce que ses serviteurs découvrent sur son visage, c'est une profonde interrogation : et si ce nouveau-né dont on lui rebat les oreilles avait réellement été envoyé pour régner sur les Juifs ?

Son front se plisse, ses mains tremblent. Peu à peu, l'inquiétude fait place à l'angoisse. Une terrible question lui traverse l'esprit : « Si cela est vrai, qu'adviendra-t-il de mon trône quand l'enfant sera devenu grand ? »

Hérode n'est pas un homme qui hésite. Jamais. Il a fait mettre à mort plusieurs de ses proches parents parce qu'il voyait en eux de possibles rivaux.

Donc, cet enfant doit mourir. Mais où le trouver ?

Après la présentation au Temple, Marie et Joseph s'en sont allés avec Jésus. Nul ne sait où. Fou de colère, Hérode lance cet ordre abominable :

– Allez tuer les enfants de sexe mâle qui sont dans Bethléem et dans les environs ! Tous ceux qui ont deux ans et moins de deux ans !

Les gardes d'Hérode sont à l'image de leur maître : ils n'hésitent pas plus que lui. Ils sautent à cheval, galopent vers Bethléem. Là, ils s'engouffrent dans chaque rue, se jettent dans chaque maison. Chaque fois qu'ils découvrent un bébé dont l'âge correspond à celui qu'a fixé Hérode, ils l'égorgent sans pitié. Pas un seul ne se laisse attendrir par les supplications des parents, par les cris de terreur des enfants.

Bethléem n'est pas en ce temps une bien grande agglomération. En tenant compte du nombre de ses habitants et de la proportion d'enfants en bas âge que l'on pouvait logiquement y trouver, les historiens ont estimé qu'environ vingt-cinq petits garçons ont dû périr de la sorte. Comme ces pauvres enfants n'étaient évidemment coupables de rien, on a appelé ce tragique épisode : le « massacre des Innocents ».

LE MASSACRE DES INNOCENTS
*L'évocation de cet événement figure parmi les illustrations du livre de prières de la princesse Ingeburge de Danemark, qui fut la première épouse du roi Philippe Auguste. Elle fut peinte en France au XIII*e *siècle.*

Et Jésus ? Celui que voulait faire mourir Hérode – lui seul – a été sauvé!
L'évangéliste Matthieu raconte qu'un ange est apparu à Joseph et l'a averti :
– Lève-toi, prends l'enfant et sa mère, fuis en Égypte et restes-y jusqu'à ce que je t'avertisse, car Hérode va rechercher l'enfant pour le faire périr.

La fuite en Égypte

La nuit même, Joseph, Marie et Jésus se sont mis en route. Cette brave bête d'âne, décidément infatigable, va porter Marie et son bébé tout au long de la route que suivent, en bord de mer, les caravanes. Ainsi est-on parvenu en Égypte, pays où se trouvent alors de nombreux Juifs : près d'un million.
Traditionnellement, les Juifs sont hospitaliers à l'égard des leurs. Une famille a reçu Joseph et les siens. Joseph a pu reprendre son métier. Dès lors, on a vécu dans l'attente et dans l'espoir d'un retour. Un jour, une nouvelle parvient à Alexandrie : Hérode est mort. Que de bonheur ce jour-là dans la famille du charpentier ! Quelle action de grâces on adresse au Tout-Puissant !

Vite, on réunit le maigre bagage de la famille. Vite on repart, par la même piste caravanière, pour la Palestine.

Les maisons blanches de Nazareth

Le cri de joie que vient de pousser Marie réveille Jésus qui, bercé par le trot de l'âne, dort dans les bras de sa mère.
Pour revenir d'Égypte, ils ont traversé tant de contrées, ils ont cheminé à travers tant de terres arides ! Et maintenant, les voici devant leur maison. Là, chez eux : en Galilée.
Joseph lâche la bride de l'âne et s'avance vers la maison blanche. Pour Jésus, petit enfant de deux ans à la démarche hésitante, tout est motif à une prodigieuse curiosité. Il voit son père pousser la porte close. Il est témoin de son bonheur, de celui de sa mère. Les parents retrouvent ce qu'ils connaissaient déjà ; lui, il découvre.
Le voici dans la cour, construite autour d'un figuier. C'est l'habitude de ce temps-là. On choisit d'abord un beau figuier, bien planté sur un terrain plat. Après quoi on pétrit des briques d'argile mêlée de paille qui vont servir à élever les murs. Autour du figuier, on ménage l'emplacement d'une cour, dont on sait par conséquent à l'avance qu'elle sera ombragée.

« FUIS EN ÉGYPTE », DIT L'ANGE
Quand Joseph et Marie, emportant Jésus, ont fui la colère d'Hérode, ils se sont engagés sur la piste caravanière qui suivait la côte vers l'Égypte sans jamais s'en éloigner. Ils savaient trouver au bout de leur chemin une importante colonie juive, établie au pays du Nil depuis la prise de Jérusalem par Nabuchodonosor. A Alexandrie, quatre habitants sur dix étaient juifs. C'est par la même piste que Joseph et Marie, après la mort d'Hérode, ont regagné la Palestine.

A deux ans on ne discerne jamais tout en même temps. La découverte se fait progressivement, comme si l'on tournait les pages d'un livre. Il faudra du temps à Jésus pour savoir que cette pièce, la plus grande, qui s'ouvre – comme les autres – sur la cour, est celle où l'on habite. Que cette autre abrite les provisions. Que celle-là est une étable où l'on accueille, l'hiver, les moutons. Ce qui a dû le frapper d'abord, ce sont ces poules qui picorent dans la cour. Ce qui a dû l'étonner, ce sont ces pierres noircies amoncelées dans un coin : celles entre lesquelles on allume un feu au moment des repas.

Imaginez-le trébuchant dans le jardin qui entoure la maison, entre les salades, les concombres, les haricots, les aubergines. Regardez-le faire la grimace en respirant l'odeur forte des plantes aromatiques qui donnent son goût caractéristique à la cuisine juive : le fenouil, la menthe, le cumin.

Un enfant de deux ans ne tient pas en place. S'il voit l'escalier extérieur qui conduit au toit plat dont on a fait une terrasse, fatalement il s'y engage. Entendez-vous l'appel de Joseph qui arrête tout net l'escalade ? Entendez-vous le cri de Marie si Jésus s'attaque maintenant aux parois de la citerne pleine de l'eau tombée du toit les jours de pluie ?

Là, dans cette maison aux murs blancs badigeonnés chaque année par Joseph au lait de chaux, va s'écouler l'enfance de Jésus. Là vont se situer ses premiers jeux et se fixer ses premiers souvenirs.

C'est dans cette maison que nous pouvons imaginer le « petit Jésus » dont l'Évangile nous dit qu'il « grandissait, se fortifiait et se remplissait de sagesse ».

Le fils du charpentier

Le jour se lève à peine sur Nazareth. Dans la salle de séjour, Jésus dort profondément sur la natte jetée sur le sol de terre battue.

Dans la cour, Joseph achève d'attacher sur le dos de l'âne les paniers qui permettent à l'animal de porter des charges incroyables. Il s'impatiente :

– Jésus !

L'enfant ouvre les yeux. Aussitôt, il se souvient : le « coupeur de bois » – ainsi les habitants de Nazareth désignent-ils

Joseph – doit se rendre ce jour-là dans une forêt où il trouvera ce dont il a besoin.
Voilà l'enfant debout. Il ne lui faut qu'un instant pour endosser la tunique qui lui tombe jusqu'aux genoux. Deux ou trois revers de main dans ses cheveux en désordre lui suffisent. Le voilà prêt à jaillir dans la cour. Des chaussures ? Qu'en ferait-il ? Les enfants juifs de son temps vont pieds nus.
La forêt se trouve non loin du lac de Génésareth, celui qu'on appellera plus tard lac de Tibériade. Pour aller jusque-là, il faut affronter les pierres des chemins de montagne, la terre sèche, la poussière, la chaleur. Au bout de plusieurs heures, enfin, on distingue, tout au bas, un spectacle superbe : cerné par des monts aux couleurs bleutées, voici le lac, immense étendue d'eau limpide, si vaste que l'on n'en aperçoit pas les extrémités. Par un chemin abrupt, on descend jusqu'aux rives. Chaque fois, Jésus s'émerveille en voyant flotter, à la surface du lac, des pélicans blanc et rose. Plus loin, des cormorans, juchés sur quelque rocher, guettent une proie. Des barques glissent, voile gonflée, vers le large. Certaines sont si vastes qu'elles peuvent recevoir jusqu'à treize personnes. De temps à autre, l'une d'elles cargue sa voile et s'immobilise.

LE LAC DE TIBÉRIADE
Une grande partie de l'histoire de Jésus a pour cadre ce lac. Le grand poète Lamartine a trouvé là, plus qu'ailleurs, sa présence : « Il avait, de ses yeux mortels, vu cette mer, ces flots, ces collines... » Cette image, restée inchangée après vingt siècles, est de celles qu'a pu voir Jésus. Dans l'Ancien Testament, les Juifs appelaient ce lac Kinnéreth. Dans l'Évangile, on le désigne souvent comme la mer de Galilée. Pour Flavius Josèphe, un historien qui a vécu au Ier siècle, il s'agit du lac de Génésareth. Le nom de Tibériade lui a été donné par le tétrarque juif Hérode Antipas, qui voulait plaire à l'empereur romain Tibère.

Jésus s'attarderait volontiers. Mais Joseph est là pour rappeler que l'on n'a pas de temps à perdre : la forêt les attend.

L'artisan et le docteur

JOSEPH AU TRAVAIL
Georges de La Tour a choisi de montrer Joseph en train d'exercer son métier de charpentier, sous le regard attentif du jeune Jésus. La Tour est célèbre pour les effets saisissants qu'il tire de l'éclairage des sujets qu'il évoque. Le tableau reproduit ici se trouve au musée du Louvre.

A grands coups de hache, Joseph s'est attaqué à l'arbre qu'il a choisi. Combien de fois Jésus a dû assister à une telle scène !

Au début, on croit que jamais l'homme ne viendra à bout de ce tronc qui ne vacille même pas. Mais peu à peu le bois est entamé, l'encoche s'agrandit. Quand vient l'instant où l'arbre doit s'abattre, l'enfant ressent tout à la fois de la crainte, de l'admiration, de la pitié. L'arbre gît sur la terre. Joseph le tronçonne sur place. Après quoi, il en charge les morceaux sur le dos de l'âne.

N'en doutez pas : le bruit le plus familier qui ait accompagné l'enfance de Jésus a été celui du rabot.

Un jour, Jésus devra apprendre à travailler le bois, lui aussi. Il le sait. Il l'a toujours su. Telle est la coutume. Pour les Juifs, le travail manuel est sacré. Les artisans ont l'obligation d'enseigner leur métier à leurs fils. Les rabbins – ainsi appelle-t-on les prêtres juifs – déclarent volontiers :

– L'artisan à son ouvrage n'a pas besoin de se lever devant le plus grand docteur.

Sois béni, Seigneur notre Dieu

Tout l'après-midi, Jésus a joué sur la place avec les enfants du village. Ils se ressemblent tous, ces garçons bruns de peau, aux cheveux aussi noirs que les yeux. De leurs cris ou de leurs rires, on ne sait ce qui l'emporte.

Jambes et pieds couverts de poussière, Jésus s'arrête devant la porte de la maison. Ses regards rencontrent un morceau de peau de mouton, inséré dans un tube de métal et cloué au mur. Cela s'appelle une *mezouza*. Sur le métal on lit ces mots : « Écoute Israël ! L'Éternel est notre Dieu, l'Éternel est Un. » Pas une maison juive ne voudrait s'en priver.

Dès qu'il a été en âge de comprendre, Jésus a voulu imiter ses parents qui prient trois fois par jour : matin, midi et soir. Comme eux, Jésus s'est donc tourné vers cette Jérusalem dont tous les Juifs connaissent la direction. Très tôt Jésus a su que toute la journée d'une famille juive s'accomplit au rythme des prières et des bénédictions.

C'est ainsi que Jésus, dès son réveil, bénit Dieu. Il le bénit encore en s'habillant. En bouclant sa ceinture, il invoque l'Éternel qui « ceint Israël de puissance ».

On bénit Dieu au moment des repas, on le bénit pour le remercier d'avoir fait entendre sa voix au peuple juif. On le bénit quand le soleil se lève, pour la lumière que l'on en reçoit. On bénit Dieu quand la pluie se met à tomber.

Sans cesse, aux oreilles de Jésus, revient la phrase : « Sois béni, Seigneur notre Dieu, roi de l'univers... »

Un tétrarque nommé Hérode

Soudain, dans les rues de Séphoris, les passants se sont plaqués contre les murs. A grand fracas, le char du tétrarque, traîné par des chevaux au galop, s'approche, passe et s'éloigne.

Séphoris est la plus grande ville de la région : pas moins de cinquante mille habitants. Là se concentre la vie administrative. Là, un jour ou l'autre, passent tous les Juifs de Galilée. Joseph ne peut y échapper.

Pour Jésus, s'il accompagne son père, quel contraste avec Nazareth ! Que de sujets de curiosité, d'étonnement, de crainte aussi !

Ce tétrarque, Joseph lui a dit que c'était le fils d'Hérode, si terrible. Après la mort de celui-ci, l'empereur Auguste a partagé son royaume entre les trois fils du roi juif. Celui que l'on vient de voir passer sur son char – qui se nomme aussi Hérode – a reçu la Galilée en partage. Mais Auguste, méprisant, lui a refusé le titre de roi : il n'est que *tétrarque*, un mot d'origine grecque qui veut dire chef d'une région.

Dans les rues de Séphoris, Jésus aperçoit certes les soldats du nouvel Hérode. Mais, en arrière-plan, il découvre toujours un soldat romain.

Jésus sait que la majorité des habitants de la Galilée se soumettent à ces deux pouvoirs. Bon gré mal gré, ils acceptent de payer

deux fois leurs impôts : aux Romains et à Hérode. Mais d'autres ne se résignent pas. Disséminés dans toute la région, se cachant dans les collines les moins accessibles, certains Juifs préparent la lutte armée contre les Romains. On les appelle des *zélotes*.
Chaque fois que les Romains peuvent capturer quelques-uns de ces Juifs résistants, ils les font aussitôt mettre à mort en les clouant sur une croix. Des centaines de fois, Jésus a entendu cette phrase que les Juifs de Palestine répètent tous à voix basse :
– Qui nous délivrera des Romains ?

Jésus à l'école

Ce matin-là, la petite main de Jésus tremble un peu dans celle de Joseph. Peu d'enfants sont allés de gaieté de cœur à l'école pour la première fois. Qu'y faire ? La Palestine est à cette époque l'un des rares pays du monde où l'école est obligatoire pour tous les garçons, les pauvres comme les riches.
L'école, à Nazareth comme ailleurs, se tient dans cet édifice où viennent prier les Juifs : la synagogue. Quand Joseph a laissé Jésus, le maître lui a ordonné d'aller s'asseoir par terre, avec les autres, pour former le cercle autour de lui.
Que va-t-il apprendre ? Des phrases que ses camarades et lui doivent répéter jusqu'à ce qu'ils les sachent par cœur. Tous ces textes concernent l'histoire du peuple juif et la mission que celui-ci a reçue de Dieu. Quand le maître aura la preuve que les enfants ont suffisamment exercé leur mémoire, il leur apprendra à lire. Grand moment !
Avec des gestes précautionneux, le maître sort d'un coffre des rouleaux de peau de mouton. Il les place sur une table et les déroule. Ce qui est écrit en hébreu sur le parchemin, ce sont des passages de la Torah, la loi des Juifs.
Voilà pour Jésus une sérieuse difficulté : ce n'est pas l'hébreu qu'il parle depuis sa petite enfance, mais l'araméen. Les Juifs de Palestine, en ce temps-là, parlent araméen. Voulez-vous connaître les premiers mots qu'a prononcés Jésus ? A n'en pas douter, ce fut *ima*, maman, et *abba*, papa. L'araméen est une langue parente de l'hébreu, pas davantage. Il existe autant de différences entre l'hébreu et l'araméen qu'entre l'italien et le français.

Je suis sûr que vous vous souvenez de votre première leçon de lecture. Vous n'avez pas trouvé cela facile. Songez à ce que ces leçons auraient été si, ne sachant que le français, vous aviez dû apprendre à lire en italien !

Un jeune Juif à la synagogue

Ce soir, vendredi, c'est le début du sabbat, autrement dit le repos hebdomadaire. Jésus s'avance près de Joseph vers la synagogue, construite sur une hauteur pour que chacun puisse la voir de loin. Le père et le fils s'arrêtent non loin d'une fontaine : ils tiennent à se laver pieds et mains, comme le veut la règle, avant d'entrer dans la maison de Dieu.
Le charpentier a jeté sur ses épaules un châle aux franges tressées : le *tallith* dont, en entrant dans la synagogue, il se couvrira la tête.
Dès qu'il a pénétré dans le temple, Jésus ne quitte plus des yeux le rideau qui cache les rouleaux de la Torah dans leur étui de cuir.
C'est tantôt l'un tantôt l'autre des habitants du village qui, montant sur une petite estrade, la *teba*, toujours tournée vers Jérusalem, les récite. Quelle fierté pour Jésus quand c'est Joseph qui officie !
Elles sont très belles, ces prières, et profondément imprégnées de poésie. Leurs paroles chantent aux oreilles de Jésus :
– Plein d'espoir dans ta bonté infinie, Seigneur, j'entre dans ta maison... J'ai toujours aimé ta demeure, ô Éternel, le lieu où réside ta majesté... Prosterné, je prie devant toi, Éternel, mon Créateur.
Dans de tels moments, Jésus rêve à l'heure où, à treize ans, il sera reconnu membre à part entière de la communauté d'Israël. Il rêve au jour de sa *bar mitsva*, quand il revêtira, comme Joseph, le tallith

LA TORAH
Un enfant israélien brandit l'étui qui enveloppe les rouleaux de la Loi.

pour pénétrer dans la synagogue. Au jour où lui-même montera sur la teba, pour célébrer l'office du sabbat.
Le jour où il élèvera dans ses mains les rouleaux de la Loi pour les offrir à l'adoration des fidèles.

Célébrer la Pâque à Jérusalem

Le long cortège s'étire sur les pierres du chemin : des hommes et des femmes de tous les âges. Des enfants. Des riches, des pauvres. De toute la Palestine, ces gens se dirigent vers Jérusalem. Parfois, des villages entiers se mettent en marche. Ce qui fait que la caravane se gonfle à la sortie de chaque agglomération. Souvent, cette foule reprend ensemble l'un de ces chants que l'on appelle *psaume*. Le reste du temps, on se rapproche, on bavarde, on s'amuse. Les enfants se retrouvent entre eux, courent d'un groupe à l'autre, entament des jeux.

JÉRUSALEM, VILLE SAINTE
Les Juifs y célèbrent chaque année la Pâque et les chrétiens, Pâques.

Voici, au milieu d'un de ces groupes, Joseph et Marie. C'est que la Pâque est proche : la plus grande des fêtes religieuses, celle qui commémore la sortie d'Égypte, sous la conduite de Moïse, des Juifs captifs et leur retour en Israël. Chaque année, beaucoup de Juifs pieux se rendent à Jérusalem pour la Pâque. Joseph et Marie n'y manquent pas. Cette année-là, grand événement : Jésus les accompagne.

Il a douze ans. Combien de fois Joseph et Marie ne lui ont-ils pas parlé de Jérusalem ! Lorsque les murs de la ville se dessinent devant lui, il n'en croit pourtant ni ses yeux ni ses oreilles. Comment aurait-il supposé qu'une foule pareille puisse se rassembler au même moment dans une seule ville ?

Non seulement il y a là une bonne partie des Juifs de Palestine, mais aussi ceux d'Égypte, ceux d'Asie, ceux de Grèce, ceux d'Italie et de bien d'autres pays ! Beaucoup ont traversé les mers et débarqué aux ports de Joppé ou de Césarée pour venir prier avec leurs frères au Temple. Savez-vous combien ils sont ? Plus d'un demi-million. La moitié de la population de la Palestine !

Les auberges de Jérusalem regorgent. Chaque demeure accueille les parents, les amis, les amis des amis. La foule déborde de partout. On campe dans les rues, sur les places, sur le seuil des maisons. Hors de la ville, des milliers de tentes ont été dressées.

Au Temple, vingt mille prêtres officient, vêtus d'habits de couleur pourpre, violette ou écarlate, brodés d'or. Sur leur tête, pointent ces bonnets en lin très fin que l'on appelle mitres.

L'encens répand partout son odeur. Des milliers de voix reprennent les psaumes, accompagnées par le son des cithares, des flûtes, des trompettes, des cymbales. Cela dure des heures, des journées entières.

Avez-vous vu Jésus ?

Il faut s'arracher à cette ferveur. Le jour du départ est venu.

Les gens de Nazareth ont décidé de prendre ensemble le chemin du retour. Comme ils l'avaient fait à l'aller. L'habitude, pour de tels déplacements, est de cheminer en groupe. A cause des brigands, toujours prêts à attaquer les voyageurs isolés, à les dévaliser.

Si les grandes personnes se retrouvent volontiers entre elles, les jeunes préfèrent marcher de compagnie. Pour Jésus, à l'aller, c'est ce qui s'est passé. Joseph et Marie ne l'ont vu qu'au moment des repas, quand on s'arrêtait sur le bord du chemin. Ou la nuit, lorsque les gens du cortège se mettaient d'accord pour former un camp et dresser leurs tentes côte à côte.
Le premier jour, Marie et Joseph ont donc marché toute la journée, avec leurs voisins et amis, sans se soucier de Jésus. Sûrement, il suit plus loin avec les autres enfants.
Pourtant, au soir de la première étape, quand ils s'aperçoivent que Jésus ne les a pas rejoints, ils s'inquiètent. Ils interrogent tous ceux qu'ils connaissent :
– Avez-vous vu Jésus ?
Personne ne l'a vu.

L'enfant et les docteurs

Plus question de dresser la tente. Plus question de dormir. A grandes enjambées, les voilà repartis pour Jérusalem. Avec, au cœur, l'angoisse que vous supposez facilement. Et, tout au fond de leur mémoire, le grand secret : ils n'en parlent pas, mais ils n'oublient jamais que Jésus *n'est pas un enfant comme les autres.*
Il leur faudra trois jours pour le retrouver. Trois jours ! Où était-il ? Au Temple.
Un historien juif, Flavius Josèphe, a raconté que lui-même, encore jeune garçon, aimait se rendre au Temple pour rejoindre les *docteurs* – le mot ici veut dire savants – qui, sous les portiques, enseignaient la Loi aux fidèles. Dans ces groupes il n'était pas rare en effet de rencontrer des enfants. Les docteurs leur laissaient poser des questions.
Ce que découvrent Marie et Joseph, muets de saisissement, c'est Jésus discutant gravement avec les docteurs de la Loi. Comme s'il était des leurs !
« Et tous ceux qui l'entendaient, dit l'évangéliste Luc, étaient ravis de son intelligence et de ses réponses. »
Comme sa mère est émue ! Patiemment elle attend que ce surprenant débat s'achève, puis elle s'approche. Doucement, elle se plaint :

JÉSUS AU TEMPLE
Il fallait le pouvoir d'évocation de l'un des plus grands peintres français du XIXe siècle, Ingres, pour rendre si présente la stupeur que les docteurs de la Loi juive ont éprouvée à entendre Jésus, enfant de douze ans, leur parler avec tant d'intelligence et d'autorité.

– Pourquoi as-tu agi ainsi envers nous ? Ton père et moi nous te cherchions depuis trois jours !

Sur un ton d'autorité que sa mère ne lui a jamais entendu prendre, Jésus répond :

– Pourquoi me cherchiez-vous ? Ne savez-vous pas que je me dois aux choses de mon père ?

Après quoi, il suit docilement Marie et Joseph.

Cinq jours plus tard, ils sont à Nazareth. Jésus reprend le chemin de l'école. Il est redevenu un enfant comme les autres.

CELUI-CI EST MON FILS BIEN-AIME

Double page précédente:
L'ENTRÉE DE JÉSUS DANS SA « VIE PUBLIQUE »
Pendant trente années, Jésus est resté inconnu, simple charpentier à Nazareth. Son heure est venue. Il s'est rendu sur les bords du Jourdain où Jean le Baptiste, qui suscite les interrogations des prêtres, a fait couler l'eau sur son front (à droite). Il s'est retiré dans le désert d'où il est revenu après quarante jours. Il a rencontré ses premiers disciples (en bas à gauche). Au village de Cana, il a changé l'eau en vin : son premier miracle. Tout cela se passe sous le regard tendre, vigilant, inquiet, de sa mère...

Enfoncé jusqu'à mi-jambes dans l'eau du Jourdain, l'homme, solidement campé près de la rive, n'a pas l'air commode. Pour tout vêtement, il ne porte, jetée sur les épaules, qu'une peau de chameau et, autour des reins, un pagne de cuir. Les jambes et les bras aux muscles noueux, tannés par le soleil, sont nus. Jamais une gorgée de vin n'a touché ses lèvres. Il se nourrit de sauterelles et de miel sauvage.
Tel quel, à la fois grandiose et furieux, il se nomme Jean. Depuis peu, on l'appelle le Baptiste.
Que fait-il là, à Bethabara, un gué où, depuis des siècles, à trois cent cinquante mètres au-dessous du niveau de la mer, les caravanes traversent le Jourdain ?
Bethabara n'est pas loin de la mer Morte où se jette le grand fleuve de la Palestine. Ici, il élargit son lit et, entre deux murs de roseaux, de fougères, de mimosas et d'aulnes, précipite le bouillonnement de ses eaux limoneuses.
Sur la rive, des centaines de gens attendent. En longue file, ils pénètrent dans le fleuve et s'immergent jusqu'au cou devant Jean. Celui-ci puise de l'eau dans ses mains et la déverse sur la tête de chacun.
Si des foules de plus en plus considérables se portent vers le gué de Bethabara, ce n'est pas seulement pour prendre l'un de ces bains que les Juifs pieux affectionnent. Ils attendent bien davantage : Jean n'annonce-t-il pas que ceux qu'il aura désormais *baptisés* seront lavés de leurs péchés ?

LE JOURDAIN

Ce fleuve prend sa source au mont Hermon (Liban) qui culmine à 2 800 mètres. Tantôt rapide, tantôt paisible, il parcourt ensuite environ 300 kilomètres, en traversant le lac Houlé et le lac de Tibériade, et poursuit sa course dans la vallée la plus profonde du monde, la dépression de Ghor, pour se jeter enfin dans la mer Morte, à plus de 395 mètres au-dessous du niveau des autres mers, appelée ainsi parce que le taux de salinité de l'eau est si élevé qu'aucune vie n'y est possible.
A plusieurs reprises, le Jourdain apparaît dans les récits bibliques : on y voit par exemple les Hébreux le traverser à pied sec pour entrer en Canaan. C'est dans le cours de ce fleuve que Jean le Baptiste accueillit Jésus.

(Voir carte de la Palestine p. 23)

Dès l'enfance, ce fils du prêtre Zacharie et d'Élisabeth – oui, la cousine de Marie – avait été consacré à Dieu. Depuis son adolescence, il a vécu dans le désert : pour mieux prier Dieu. Et puis, en décembre de l'an 27 de notre ère, il s'est mis à prêcher dans les villages proches du Jourdain.
Son langage est catégorique. Il ne demande pas, il exige. Quand il invoque le nom de l'Éternel, chacun tremble et se juge coupable. Et ceux qui l'entendent pour la première fois sentent naître en eux une conviction : cet homme-là est un prophète.

Les prophètes entendaient la parole de Dieu

Je vous ai déjà parlé plusieurs fois des prophètes. Sans eux, il n'y aurait pas eu de religion juive. Littéralement, ils ont entretenu le dialogue entre Dieu et Israël. Abraham, le premier, a annoncé que le peuple juif avait été choisi par Dieu. Moïse a recueilli, au sommet du mont Sinaï, les Tables qui contenaient les Dix Commandements de Dieu. Plus tard, Élie, Jérémie, Isaïe, Ézéchiel, Daniel ont à leur tour transmis la parole de Dieu. En l'an 27, pourtant, il y a des siècles qu'aucun prophète n'a paru en Israël. Serait-ce que Dieu aurait renoncé à parler aux Juifs ?
Et voici que ce désespérant silence est rompu. La nouvelle court le pays d'Israël : un homme prêche sur les bords du Jourdain. Un prophète !

Beaucoup de gens quittent alors leur demeure, leur famille, leur travail et se mettent en marche : « Jérusalem et tout le pays de Judée et la contrée entière qu'arrose le Jourdain... », précise l'évangéliste Matthieu.

Au gué de Bethabara, les foules augmentent chaque jour. Le bruit de la prédication de Jean parvient jusqu'à Jérusalem. Au Temple, les prêtres s'interrogent : s'agirait-il *vraiment* d'un prophète ? Il y a eu tant d'imposteurs que l'on se doit d'être prudent.

Devant la ferveur que déclenche Jean le Baptiste, d'autres vont plus loin encore. Ils se souviennent de la promesse qui a été faite depuis si longtemps au peuple juif. Jean ne serait-il pas le *Messie* annoncé par l'Écriture ?

Je suis la Voix qui crie dans le désert

Les prêtres veulent en avoir le cœur net. Ils envoient sur place ce que nous appellerions une « commission d'enquête ».

Parvenus sur les rives du Jourdain, les émissaires posent d'emblée à Jean la question qui leur brûle les lèvres :

– Es-tu le Messie ?

La réponse :

– Non, je ne le suis pas.

Le prophète Malachie a prédit que le Messie, quand il viendrait, serait précédé d'un Annonciateur qui serait un nouvel Élie.

– Es-tu Élie ?

– Non.

Silence des enquêteurs, quelque peu déroutés. Une nouvelle question :

– Qui es-tu donc ?

– Je suis la Voix qui crie dans le désert : aplanissez le chemin du Seigneur !

Ici, les enquêteurs sursautent. Jean reconnaît que sa venue précède en effet celle du Messie tant espéré. Et en quels termes !

– Il vient, celui qui est plus puissant que moi, et dont je ne suis pas digne de délier le cordon de sa chaussure...

L'homme que Dieu envoya

Les foules grandissent toujours. Jean ne se contente pas de baptiser. Il enseigne. Il répète que, pour gagner la vie éternelle, il faut pratiquer la justice et la charité. Nombreux sont ceux qui le pressent :
– Que faut-il faire ?
Il répond :
– Que celui qui a deux tuniques en donne une à celui qui n'en a point, et que celui qui a de quoi manger fasse de même.
Comme il est proche de ces pauvres gens qui ploient sous le poids des impôts ! Quand un fonctionnaire chargé de les percevoir se présente devant lui, il recommande :
– N'exige rien au-delà de ce qui est légal.
Il est trop vrai que beaucoup de percepteurs sans scrupule s'enrichissaient au détriment des malheureux.
Si des soldats l'interpellent, il leur lance :
– Abstenez-vous de toute violence. N'extorquez rien ! Contentez-vous de votre solde !
Qui était Jean-Baptiste ? Donnons-lui le nom sous lequel nous le désignons aujourd'hui. L'évangéliste Jean l'a dit en peu de mots, mais ces mots vont loin :
« Il y eut un homme que Dieu envoya et son nom était Jean... Il a fait venir dans le monde la vraie lumière, celle par qui tout homme est éclairé ! »

JEAN LE BAPTISTE
Cette image de Jean fut peinte au XVe siècle. Son origine orientale se reconnaît aisément, car le style de cette peinture s'apparente à celui des icônes.

Il avait un copeau de bois sur l'oreille

Ce jour-là – nous sommes en janvier de l'an 28 – Jean, comme chaque jour, baptise dans le Jourdain.
Un inconnu s'avance parmi ce peuple qui prie. Sa tunique de lin à manches longues, son manteau de laine dont les bords sont soulignés par de courtes franges : c'est le vêtement de tout le monde. A la taille, il porte la ceinture de cuir des travailleurs manuels.

Tout juste a-t-il sur l'oreille un copeau de bois. C'est l'habitude, pour un charpentier, de se désigner ainsi. Les autres artisans se signalent de la même manière : les écrivains publics par une plume, les teinturiers par un chiffon de couleur vive.
Celui-ci semble n'avoir pas dépassé une trentaine d'années. De haute taille, il porte les cheveux longs prolongés par des favoris bouclés. Une barbe encadre son visage.

LE BAPTÊME DE JÉSUS
Ce tableau est dû à Joachim Patinir, un peintre flamand né à la fin du XVe siècle. Il fut l'un des premiers en son temps à donner au paysage une place importante et indépendante du sujet qu'il peignait.

Il s'appelle Jésus.
Patiemment, humblement, entré dans l'eau jusqu'à la taille, il attend son tour.
Enfin il s'approche de Jean. Celui-ci lève les yeux vers lui. Il a un haut-le-corps. Il refuse de prendre de l'eau dans ses mains. Jésus attend. Et Jean lance de sa voix rude :
– C'est moi qui dois être baptisé par toi et toi qui viens à moi !
Jésus répond :
– Laisse faire maintenant ! Il convient que nous accomplissions toute justice !
L'extrême douceur de la voix se double d'une autorité souveraine. Jean ne se sent la force que d'obéir. Alors il prend de l'eau et baptise Jésus.
Au moment où l'eau coulait sur sa tête, tous ceux qui étaient là ont vu une colombe descendre du ciel (colombe est le nom poétique que l'on donne à la fois au pigeon et à la tourterelle). Elle s'est dirigée tout droit vers ce charpentier qui sortait du fleuve.
A ce moment précis, Jean-Baptiste a entendu une voix venue d'en haut, qui disait :
– Celui-ci est mon fils bien-aimé.
Déjà, Jésus s'éloigne...

Une montagne dans la fournaise

Dans le désert de Juda, le soleil implacable semble interdire toute vie. Les voyageurs évitent soigneusement de le traverser, ce désert. Seuls des aigles le survolent à la recherche de quelque charogne. Au milieu des pierres brûlantes – souvent d'énormes blocs –, un homme s'avance. Nul ne l'accompagne. Il marche, comme indifférent à ce qui l'entoure, vers une montagne de calcaire, presque blanche. Il en gravit les flancs, au creux desquels un torrent a tracé une gorge sombre.

Le voici au sommet. Tout au bas s'aperçoit le mince sillon vert de la vallée du Jourdain. Au loin scintille une flaque d'argent : la mer Morte.

Ce n'est pas pour découvrir un paysage que Jésus – vous l'avez reconnu – est monté jusque-là. Cette solitude, il l'a voulue.

LE DÉSERT DE JUDA
C'est dans ces monts arides que Jésus s'est retiré pour prier chaque fois qu'il devait prendre une décision importante.

Chaque fois que Jésus a ressenti la nécessité de prendre une décision, il s'est réfugié le plus loin possible des hommes : « Il se retirait dans les déserts et il priait », dit Luc.

Cette fois, que veut-il ? Que cherche-t-il ?

Quarante jours seul au désert

Il a donc vécu trente années sans rien laisser percer de son secret. Joseph, semble-t-il, est mort. En tout cas, désormais, nul ne parlera plus de lui. Marie, elle, se tait toujours. Les yeux fixés sur son fils, elle attend que l'heure soit venue où il se livrera tout entier à la mission que Dieu lui a confiée.

Est-ce donc qu'elle a sonné, cette heure ?

Ce que vous devez bien comprendre, c'est que, différent de nous – si totalement différent ! – il est *aussi* un homme comme nous. Il a faim comme nous, soif comme nous, peur comme nous.

Avant de se jeter dans la merveilleuse et terrifiante aventure qui l'attend, il a besoin de prier Dieu. Parce que prier Dieu, c'est parler avec lui, prendre conseil de lui, trouver soutien en lui.

Dans ce désert, il va rester quarante jours. Quarante jours ! Il va jeûner. Comme naguère Jean-Baptiste, il a dû se nourrir parfois de quelque insecte. Il a pu trouver un peu d'eau dans le lit d'un torrent ou le creux d'un rocher. Au bout de quarante jours, il a eu faim.

Le tentateur entre en scène

Cette faim, comment l'apaiser ? Engagé sur le chemin du retour, Jésus sent quelque chose près de lui : une présence, une voix ? Elle retentit en lui, elle parle :
– Si tu es le fils de Dieu, commande que ces pierres deviennent des pains !
S'il est le Messie, rien ne serait en effet plus aisé pour lui que de changer ces cailloux en baguettes croustillantes. Plus tard, il fera des miracles de ce genre. Avec cinq petits pains, il nourrira une foule affamée. Mais, cette fois, l'étrange présence l'invite à exécuter un miracle *dans son seul intérêt* : quelle différence ! Il déjoue le piège et sa voix résonne dans le décor pierreux :
– Il est écrit : l'homme ne vit pas seulement de pain, mais de toute parole qui vient des lèvres de Dieu.
A mesure qu'il descend de la montagne, les formes du paysage se précisent : à l'ouest, dans le lointain, il commence à discerner les approches de Jérusalem.
Son interlocuteur mystérieux ne se démonte pas. Jérusalem, l'unique, c'est une promesse de règne et de pouvoir. Le Messie qu'attendent les Juifs ne doit-il pas être un chef, un roi ?
La voix se fait plus insistante :
– Cette puissance et cette gloire, je te les donnerai, car elles sont entre mes mains. Je les livre à qui je veux. Prosterne-toi devant moi et elles sont à toi.
La réponse claque, méprisante :
– Il est écrit : « Tu adoreras le Seigneur ton Dieu et tu le serviras, lui seul. »
L'autre ne se déconcerte pas.
– Si tu es le fils de Dieu, jette-toi en bas. Les anges te porteront dans leurs mains.
Nouvelle réponse cinglante :

LA TENTATION DE JÉSUS AU DÉSERT

– Il est aussi écrit : « Tu ne tenteras pas le Seigneur ton Dieu. » Seul maintenant le silence lui répond. *L'autre* a renoncé.
Jésus racontera tout cela à ses amis. Ils le narreront à leur tour. Pour eux, aucun doute : celui qui a voulu tenter Jésus au désert n'était autre que le diable.
Ne l'imaginez pas avec des cornes et des pieds fourchus, ce démon. Vous saurez assez tôt que le mal accompagne tous les hommes et que, dans les moments mêmes où les meilleurs d'entre nous sont résolus à faire le bien, une tentation leur vient souvent de choisir le mal.
Jésus, comme tous les hommes, a connu cette tentation. Il en a triomphé.

Des pêcheurs de Galilée

En cette fin d'après-midi de mars 28, non loin du gué où se pressent toujours les foules accourues pour recevoir l'eau purificatrice, deux hommes cheminent en compagnie de Jean-Baptiste : des gens venus de Galilée, de simples pêcheurs du lac de Tibériade.
L'un s'appelle André. Le bruit des baptêmes célébrés par Jean-Baptiste est venu jusqu'aux bords du lac où, avec son frère Simon, il possède une pêcherie.
Le second s'appelle Jean. Il est fils d'un autre pêcheur, Zébédée, d'ailleurs associé de Simon. Dès qu'ils ont connu la prédication du Baptiste, ces Juifs d'une foi ardente n'ont pas hésité à quitter leur travail pour le rejoindre.
Un homme croise le petit groupe. Aussitôt, Jean-Baptiste s'exclame :
– Voici l'Agneau de Dieu !
André et Jean reconnaissent alors ce Jésus sur qui l'Esprit de Dieu est descendu le jour de son baptême. Circonstance que nul n'a oubliée sur les rives du Jourdain.
Ils ne savent rien de ce Jésus. Qui peut-il être ? Que veut dire ce signe dont le ciel a voulu le marquer ? André et Jean veulent en avoir le cœur net. Ils abandonnent le Baptiste et se hâtent pour rejoindre l'homme au copeau sur l'oreille.
Les voici à sa hauteur. Ils se contentent de le dévisager sans oser lui adresser la parole. C'est lui, le premier, qui leur parle :

– Que cherchez-vous ?
Cette voix, il semble qu'elle leur transperce l'âme. S'ils se sont élancés sur ses talons, c'est qu'ils espéraient trouver un être d'exception, l'un de ces maîtres en religion qui les rapprocherait de Dieu.
A travers les trois mots qu'il a prononcés, c'est son écrasante supériorité qu'ils ont ressentie. L'étrange de l'affaire, c'est qu'ils n'ont nullement, par voie de conséquence, éprouvé le sentiment de leur propre petitesse. Au contraire, ils se sont sentis acceptés, admis, compris par cet homme-là. Bien mieux : *aimés*.
Ni André ni Jean ne savent plus où ils en sont. Ils balbutient :
– Maître, où habites-tu ?
– Venez, dit Jésus, vous verrez.
Ils le suivent chez lui. Ils vont l'écouter jusqu'à la nuit tombée.

Nous avons trouvé le Messie !

Qu'a dit Jésus aux pêcheurs du lac de Tibériade ? Nous ne le savons pas. Ce dont nous sommes sûrs, c'est que le langage qu'il leur a tenu les a bouleversés. Ils sont sortis de l'entretien hors

L'APPEL DE PIERRE
Ce tableau de l'école flamande du XVIe siècle nous montre Jésus appelant Simon et l'invitant à le suivre. Dans cette nouvelle vie, Simon sera désormais appelé Pierre.

d'eux, anéantis de stupeur et brûlant d'une fièvre de foi. Ils se sont élancés à la recherche de Simon, le frère d'André.
Du plus loin qu'il l'aperçoit, André lui crie :
– Nous avons trouvé le Messie !
Le Messie ! Souvenez-vous : les Juifs attendent depuis des siècles celui que Dieu leur enverra – ils en sont sûrs – un jour. De là, après quelques heures de conversation, à être convaincus que l'homme rencontré n'est autre que ce Messie, voilà un pas difficile à franchir. André et Jean l'ont accompli pourtant.
Mettez-vous à la place de cet autre pêcheur, Simon, un être droit, franc, aux idées claires mais simples. Il devrait douter, accuser de crédulité son frère et son ami. Pas du tout. Déjà il est ébranlé. Il veut à tout prix être conduit près de Jésus.
Un instant plus tard, il est en face de lui. Jésus le regarde longuement : comme s'il découvrait celui qu'il attendait de longue date.
– Tu te nommes Simon, dit-il, mais désormais tu seras appelé Pierre.
Dans la minute même, Simon ressent la même certitude qu'André et Jean : sa vie appartient à Jésus.

Ainsi parla Nathanaël

Quatre hommes remontent ensemble vers le nord la vallée du Jourdain : Simon, André, Jean – et Jésus. Dès que les trois premiers ont appris que Jésus allait rentrer en Galilée, ils lui ont proposé de faire route avec lui. Il a approuvé.
Après quatre-vingts kilomètres parcourus à pied, voici le carrefour où ils doivent se séparer : Jésus doit obliquer vers Nazareth, les autres veulent gagner, au nord du lac de Tibériade, le village de Bethsaïde. Là où ils exercent leur métier de pêcheurs.
Se quitter ainsi, alors que l'on est déjà attaché par tant de liens ? Nul ne veut s'y résoudre. Jésus accompagnera ses nouveaux amis jusqu'à Bethsaïde. Or, à Bethsaïde justement, Jésus va rencontrer un certain Philippe. Un long regard, comme pour Simon. Un regard sous lequel Philippe reste figé, tremblant.
Jésus lui dit seulement :

LE PREMIER MIRACLE
Cette petite église a été élevée à Cana en souvenir du miracle que fit Jésus dans ce village. Elle n'évoque naturellement pas le style des habitations du temps de Jésus, mais elle se présente comme un témoignage de la piété des fidèles, émus à travers les siècles par le changement de l'eau en vin par Jésus, avant tout pour répondre au vœu de sa mère.

– Suis-moi.
Rien de plus. Et voilà Philippe bouleversé, allant crier partout la rencontre qu'il vient de vivre :
– Nous avons trouvé celui qu'ont annoncé les prophètes !
Les gens de Bethsaïde, peu empressés à le croire, le questionnent :
– Qui est-ce ?
– Jésus, fils de Joseph de Nazareth.
Sachez que Bethsaïde n'est pas loin de Nazareth, à peine une demi-journée de marche. On y connaît ce village perdu dans les collines, loin de tout, peuplé de paysans que ces gens du lac méprisent un peu. Un nommé Nathanaël, originaire de Cana, village tout proche de celui de Jésus, rétorque avec dédain :
– Que peut-il sortir de bon de Nazareth ?
– Viens donc ! crie Philippe. Viens et vois !
Philippe entraîne quasi de force Nathanaël. Les voici en présence de Jésus. Toujours ce regard qui pèse, qui littéralement met à nu celui qui en est enveloppé. Et puis Jésus parle :
– Nathanaël, alors que tu étais sous le figuier, avant que Philippe t'appelle, moi je t'ai vu.
A l'instant, Nathanaël est conquis. Appelant Jésus *rabbi*, nom familier qui veut dire Maître, il lui crie qu'il est roi d'Israël.
C'est passer d'un extrême à l'autre ! Doucement, Jésus ramène Nathanaël sur la terre :
– Oui, tu as cru parce que je t'ai dit : je t'ai vu sous le figuier. Mais tu verras de plus grandes choses que celle-là.
Avec quelle avidité Nathanaël l'écoute ! Jésus poursuit, s'adressant à lui et à Philippe :
– En vérité, je vous le dis, vous verrez le ciel ouvert et les anges de Dieu monter et descendre au-dessus du Fils de l'Homme.
Nathanaël – ainsi désigné par Jean, mais que les autres évangélistes appellent Barthélemy – ne quittera plus Jésus.
Ces cinq hommes, Simon, André, Jean, Philippe et Nathanaël, vont devenir les premiers *apôtres**. Quatre d'entre eux donneront leur vie pour Jésus. Ils mourront en *martyrs*.

* ⇒ Voir encadré *Les apôtres*, p. 92

Un mariage à Cana

Jésus a quitté Bethsaïde. Il monte vers Cana : une trentaine de kilomètres à parcourir, une véritable escalade. On passe de deux cent huit mètres au-dessous du niveau de la mer à cinq cents mètres au-dessus. Seuls Philippe et Nathanaël l'accompagnent. Simon, André et Jean, retenus par leur travail de pêcheurs, sont restés sur le lac.
Pourquoi Cana ? Parce qu'une famille amie doit y célébrer un mariage. Les noces représentent un événement considérable pour les Juifs de ce temps. On y invite non seulement tous les parents, mais les voisins, les amis, et même les amis des amis. Dans un village, on convie tous les habitants. Beaucoup viennent de loin, parfois de très loin.

LES NOCES DE CANA
C'est à Gérard David, peintre flamand né en 1460 et mort en 1523, que l'on doit cette œuvre. Ce miniaturiste demeure l'un des plus grands artiste de son temps, célèbre pour ses merveilleux coloris et la perfection de ses compositions : la présente peinture le démontre avec éclat. Le tableau se trouve au musée du Louvre.

Ces noces, on les prépare pendant des mois. Quand le grand événement arrive, en général le mercredi, il se prolonge au moins jusqu'au vendredi, jour du sabbat. Les fêtes peuvent durer jusqu'à sept jours, voire le double ! Marie et Jésus ont été invités aux noces de Cana. Jésus n'a pas oublié.
Quand il arrive, tout le village est en liesse. Est-ce parce que le cortège se forme ? Est-ce parce que la fiancée, le visage recouvert par un voile, le front orné de plaques dorées, est conduite en palanquin – un siège élevé placé sur des brancards et soutenu par plusieurs porteurs – jusqu'à la maison du fiancé ?
Sur son passage, hommes, femmes, enfants frappent des mains, dansent et chantent.
Jésus cherche sa mère qui a déjà gagné Cana. Avec quelle tendresse ils se retrouvent ! Il lui présente Philippe et Nathanaël. Point n'est besoin d'explications : Marie *sait* que son fils n'est plus le même que lors de son départ de Nazareth.

Des montagnes de nourriture

Rien ne pourra être comparé au festin des noces. Bien sûr, cela se passe en plein air. Aucune maison de village n'est assez vaste pour accueillir tant de monde. Dans un champ, sur un pré, on a dressé des tables, porté des bancs : en nos pays, aujourd'hui encore, les noces de village ne se célèbrent pas autrement.
Autour des tables, femmes et hommes mêlés ont pris place. Ils se bousculent avec des cris et des rires. Nous avons peine à imaginer Jésus au milieu de cette cohue. Il y est pourtant. Et sa mère. Avec Philippe et Nathanaël.
Des montagnes de nourriture s'empilent devant les convives. Sans cesse les serviteurs remplissent de vin les cruches placées sur les tables. Ces gens-là engloutissent ce qu'on leur présente avec d'autant plus d'avidité qu'ils sont, en temps ordinaire, des modèles de frugalité.
Tout à coup, une vive agitation se manifeste du côté des serviteurs. L'un d'eux se détache, vient parler bas au maître de maison qui se dresse, courroucé. Il s'élance vers la pièce la plus fraîche, là où l'on a rangé les amphores pleines de vin.
Elles sont vides.

La pitié de Marie

Le rouge au front, le maître de maison est revenu s'asseoir. Il se penche à l'oreille de sa femme qui reste saisie, muette, balançant entre la honte et le désespoir.
Rien de tout cela n'a échappé à Marie, si fine, si perspicace. Elle porte de l'amitié à ces gens qui les reçoivent. Elle sait que, chez les peuples d'Orient, perdre la face se révèle la pire des calamités.
Jésus est assis non loin d'elle. Apparemment, il ne s'est rendu compte de rien. Elle lui dit seulement :
– Ils n'ont plus de vin.
Une constatation toute simple ? Ce n'est pas ainsi que l'entend Jésus. Son visage s'est fermé. D'évidence, l'intervention de sa mère l'étonne. Il murmure :
– Que me veux-tu, femme ?
Ce qui nous émeut le plus, c'est que Jésus se soit senti tenu de s'expliquer :
– Mon heure n'est pas venue, dit-il.
Marie pense au contraire qu'elle est venue.
Cette paysanne emprunte tout à coup le ton d'une souveraine. D'un geste, elle appelle les serviteurs et commande :
– Faites tout ce qu'il vous ordonnera !
Sûre d'elle-même, Marie attend. Alors, Jésus désigne aux serviteurs six jarres de pierre dans l'entrée de la maison. Il dit :
– Remplissez d'eau ces jarres.
Ils ne songent pas à discuter, tant cet inconnu leur en impose. Les jarres, ils les remplissent jusqu'au bord. Ils reviennent vers Jésus, l'interrogent : que leur faut-il faire encore ?
– Puisez maintenant et portez-en au maître du repas.

Le premier miracle

Lors de ce genre de fête, la tradition veut que le meilleur ami du mari se charge de l'ordonnancement de la cérémonie. Il veille à tout. C'est à lui que fait allusion Jésus.
Le « maître du repas » goûte de cette eau qu'on lui apporte. De l'eau ? Quelle farce a-t-on voulu lui faire ? C'est du vin, et du meilleur !

En riant, il interpelle le marié :
– D'ordinaire, on sert d'abord le bon vin et, quand on a beaucoup bu, le moins bon. Toi, tu as gardé le meilleur pour la fin !
Jusqu'à l'aube, c'est cette eau changée en vin que vont boire les invités de Cana.
Comment Nathanaël, témoin de ce prodige, oublierait-il la prédiction que Jésus lui a faite à Bethsaïde :
– *Tu verras de plus grandes choses que celle-là.*
Nathanaël se souviendra toujours qu'il a de ses yeux assisté au premier miracle de Jésus.

L'EAU CHANGÉE EN VIN
Le miracle a inspiré le peintre français Quentin Varin, auteur de scènes religieuses qui le firent apprécier de la reine Marie de Médicis.

JE SUIS LE MESSIE

Sous le regard de Jésus, surgit de nouveau l'image enivrante : la Ville des Villes, Jérusalem.
Après les noces de Cana, il a pris congé de Philippe et de Nathanaël. Il les a renvoyés à leurs barques et à leurs filets. Il a emprunté cette route qui longe le Jourdain et qu'il connaît si bien. Alors qu'il vient de recevoir le baptême, comment manquerait-il de célébrer la Pâque à Jérusalem ? Il s'engage dans les rues grouillantes de pèlerins : véritable fourmilière aux couleurs bigarrées, bruissante de parlers multiples. Tous ces Juifs, si différents les uns des autres, avancent au coude à coude, se frayant tant bien que mal un passage vers le Temple.

Les marchands du Temple

A l'entrée du parvis – une vaste cour cernée de portiques –, Jésus s'est arrêté. Au Temple, plusieurs cours entourent le sanctuaire proprement dit. La première s'appelle le parvis des Gentils. Un gentil est un païen, autrement dit quelqu'un qui n'est pas juif. Les gentils ont le droit d'accéder au parvis qui porte leur nom. Malheur à eux s'ils se hasardent dans les autres cours, toutes réservées aux Juifs ! Ils encourraient la peine de mort.
Pourquoi le visage de Jésus s'est-il imprégné soudain d'une telle sévérité ? C'est que le spectacle offert par le parvis des Gentils se révèle bien extraordinaire. Évoque-t-il un lieu de prière ? Plutôt un gigantesque marché. Ce ne sont que mugissements, beuglements, bêlements, roucoulements, ceux des milliers d'animaux entassés là, tous destinés aux sacrifices qu'un Juif pieux se doit d'offrir à l'Éternel. Pour la Pâque d'une seule année, n'a-t-on pas sacrifié 255 600 agneaux ? Les plus riches offrent un taureau, les gens à leur aise un bélier, d'autres une chèvre ou un agneau, les plus pauvres des tourterelles.
De ce troupeau peu banal montent, quand il fait chaud, des effluves insoutenables. Ajoutez-y les criailleries, les vociférations qui opposent acheteurs et vendeurs et que l'on prolonge souvent pour le plaisir : n'oubliez pas que nous sommes en Orient.
Un peu plus loin s'étalent les comptoirs où se vendent l'huile, l'encens, la farine, le vin, le sel : accessoires obligés des offrandes. On se bouscule, on se dispute pour y accéder. Plus

Double page précédente :
JÉSUS SE RÉVÈLE AUX HOMMES
Deux scènes seulement dans ce grand dessin des pages précédentes, mais elles sont capitales dans la vie de Jésus. La première : Jésus chasse les marchands du Temple. Ces hommes qui faisaient du commerce dans la maison de Dieu, Jésus n'a pu supporter de les voir continuer leurs trafics. Sous le fouet qu'il a improvisé, ils se sont égaillés, épouvantés. La seconde scène : rentrant chez lui, en Galilée, il s'est arrêté en Samarie devant un puits. A la femme qu'il a rencontrée – la Samaritaine – il a confié pour la première fois : « Je suis le Messie. »

loin encore, voici les étals des changeurs. Beaucoup de pèlerins ne sont porteurs que de monnaie étrangère, romaine, grecque ou autre. Ils sont tenus de changer cet argent impur car les offrandes ne peuvent être réglées qu'en monnaie juive.
Sur les tables, les piles de pièces d'or, d'argent, de bronze s'accumulent autour des balances destinées à les peser. Là aussi on discute dur, car le tarif des changes donne lieu à d'interminables débats.

Un fouet pour faire place nette

Jésus enveloppe le parvis d'un regard impérieux, méprisant. Certes, ce n'est pas la première fois qu'il s'afflige d'un tel spectacle. Mais, jusque-là, il ne s'était rendu au Temple que comme un Juif parmi d'autres Juifs. Si les fidèles acceptaient ces pratiques, ne devait-il pas s'y résigner ?
Il n'en est plus de même aujourd'hui. Si quelqu'un doit dénoncer l'intolérable, c'est bien lui, Jésus, habité par le souffle de Dieu.
De l'écœurement, il passe tout à coup à une sainte colère. Il se saisit de cordes jetées sur le dallage, sans doute destinées à attacher les animaux. Avec l'adresse du travailleur manuel, il les noue ensemble pour en faire un fouet. Il s'avance parmi les changeurs, balaie à grands coups les étals. Les pièces volent à terre, les tables se renversent. Les changeurs s'avancent, menaçants. La seule contenance de Jésus les arrête. Ils déguerpissent en poussant des cris d'effroi.
C'est maintenant au tour des marchands de bestiaux.

JÉSUS CHASSANT LES MARCHANDS DU TEMPLE
Cette vision est due à Germain-Jean Drouais, né en 1763, mort en 1788. Fils et petit-fils de peintres français de talent, celui-ci affectionnait les sujets antiques. Il a mis dans l'œuvre que nous voyons ici beaucoup de vie et d'expression.

Sous les coups qui pleuvent sur eux, ils lâchent les animaux. Taureaux, chèvres, béliers, agneaux s'enfuient en désordre. Affolés, les marchands courent derrière eux.

Il ne reste que les vendeurs de tourterelles. Jésus s'approche d'eux. D'une voix tonnante, il ordonne :

– Enlevez cela d'ici ! Ne faites pas de la maison de mon Père une maison de commerce !

On se hâte de lui obéir. Une longue clameur s'élève de cette foule qui reflue vers les portes : ne peut-on tout craindre d'un énergumène, tout redouter d'un fou ?

Je rebâtirai le Temple en trois jours

Superbe au milieu du parvis désert, Jésus reprend peu à peu sa respiration.

Des prêtres que l'on est allé prévenir accourent. Ils sont furieux mais perplexes. Quel est donc l'individu qui s'est cru autorisé à entreprendre une action aussi insensée ? Ils l'entourent, le considèrent de bas en haut, de haut en bas :

LA CITADELLE
Dans la Jérusalem moderne, l'édifice que l'on voit ici est historiquement l'un des plus impressionnants. On peut y voir les restes d'une des tours élevées par Hérode. D'autres vestiges remontent aux croisés, d'autres encore datent du sultan turc Soliman le Magnifique.

– De quel droit agis-tu ainsi ? Peux-tu faire un miracle pour te justifier ?
Le grand mot est lancé : un *miracle*, c'est quelque chose de prodigieux, qu'un homme ordinaire est incapable de réussir. Pour ces prêtres, seul un prophète peut se permettre une audace aussi incroyable. Un prophète doit pouvoir exécuter des miracles. Alors, que celui-ci en fasse un !
Jésus les a écoutés. On veut obtenir de lui un « signe » ? Il lance :
– Détruisez ce temple et je le relèverai en trois jours.
Les prêtres s'effarent, s'irritent :
– Comment ! Il y a quarante-six ans que l'on construit ce temple et toi, en trois jours, tu le rebâtirais ?
Il ne daigne pas répondre. Il s'en va, laissant ces gens pleins de doute et d'aigreur.

Il faut que Jésus grandisse, dit Jean-Baptiste

Quand Jésus quitte Jérusalem, il n'est pas seul. Des gens le suivent. Tantôt ils ont été témoins de sa grande colère du Temple, tantôt ils l'ont rencontré en d'autres occasions. Ils ont décidé de l'accompagner, au moins pour un certain temps. Ils pensent qu'il y a toujours profit à écouter un homme de Dieu.
Chaque fois que l'on rencontre une rivière, Jésus les invite à imiter Jean-Baptiste. C'est ainsi que ces premiers disciples se mettent eux-mêmes à baptiser.
De son côté, Jean continue à verser l'eau purificatrice sur la tête de ceux qui souhaitent la recevoir. Mesurez son étonnement quand, un jour, il voit accourir vers lui des gens fort excités, venus lui dénoncer les disciples de Jésus. Ne baptisent-ils pas comme lui, Jean ? Et même ils réunissent plus de fidèles que lui ! En quelque sorte de la concurrence déloyale !
Jean-Baptiste écoute calmement les délateurs. Quand ils en ont fini, ils ont droit à une réponse proférée avec sa rudesse habituelle :
– Un homme ne peut recevoir que ce qui lui a été donné par le ciel. Souvenez-vous de ce que je vous ai dit : je ne suis pas le Christ, mais j'ai été envoyé devant lui.

Il s'adoucit. Il évoque ces mariages juifs où, comme à Cana, l'ami du marié se tient auprès de lui. Ce n'est pas lui qui se marie, mais il est heureux du bonheur de son ami.

– Telle est ma joie, poursuit Jean-Baptiste, et elle est à son comble ! Il faut que lui – Jésus – grandisse et que moi je diminue.

Hérode fait arrêter Jean-Baptiste

« Il faut que je diminue », a dit Jean-Baptiste. C'est très précisément ce qui va lui arriver. Plus vite peut-être qu'il ne l'avait prévu.

Le tétrarque Hérode vient de répudier son épouse et de prendre pour femme la petite-fille d'Hérode le Grand, Hérodiade. Il vient donc d'épouser sa nièce dont la beauté est d'ailleurs célèbre. Pour bien comprendre la situation, il faut que vous sachiez aussi qu'Hérodiade, à peine sortie de l'enfance, avait épousé l'un des frères du tétrarque. Ce qui fait qu'Hérode et Hérodiade sont doublement parents...
La loi juive est formelle : on ne peut autoriser un tel mariage. C'est un inceste doublé d'un adultère, puisque Hérodiade, pour épouser son oncle Hérode, a quitté non seulement un mari, mais un autre oncle !
Jean-Baptiste enrage : personne n'aura le courage de dénoncer ce scandale ? Personne ? Si, lui, Jean, se met en route pour rencontrer Hérode. Le curieux de l'affaire, c'est que le tétrarque, lui, s'intéresse beaucoup à Jean. Une question hante Hérode : et si le Baptiste était réellement un prophète ?

JEAN-BAPTISTE DEVANT HÉRODE
Jean-Baptiste est venu exiger d'Hérode qu'il renvoie son épouse Hérodiade. Hérode donne l'ordre de l'arrêter.

Jean ignore les courbettes. Reçu par le tétrarque, il lui jette en plein visage :
– Il ne t'est pas permis de prendre la femme de ton frère !
Ce qui, vous vous en doutez, n'est pas agréable à Hérode. Furieux, il donne aussitôt l'ordre d'arrêter Jean et de le conduire dans la forteresse de Machéronte. Située à la frontière du domaine d'Hérode, au sommet d'une colline escarpée, on en visite, aujourd'hui encore, les ruines. On peut apercevoir, dans les murailles de l'une des tours, la trace des anneaux où l'on fixait les chaînes des prisonniers.
Aucun bruit ne traverse ces énormes murs. Dans son cachot, Jean n'a droit qu'à la plus atroce des solitudes. La porte ne tourne sur ses gonds que pour livrer passage à des geôliers muets.
Pourtant, de temps à autre, un visiteur se présente. Hérode tolère en effet la venue de quelques-uns des disciples du Baptiste. Pourquoi ? Parce qu'il demeure en proie au même doute lancinant. Le tétrarque s'imagine que son indulgence à l'égard de ce possible prophète pourrait atténuer la gravité du crime qu'il est peut-être en train de commettre.
Pour apaiser ses angoisses, le plus simple serait qu'il libère Jean-Baptiste. Mais Hérodiade, son épouse, voue à Jean une haine profonde. Hérode ne veut pas déplaire à la femme qu'il aime...

La route de Samarie

La nouvelle de l'arrestation de Jean a couru les villes et les villages de Palestine. Quelle émotion ! Quelle réprobation ! Partout les hommes et les femmes se sont abordés. Partout on a entendu répéter la même question : si l'on emprisonne un homme qui se borne à verser de l'eau sur les fronts, où va-t-on ? Arrêtera-t-on aussi ceux qu'il a baptisés ?
Nous pouvons être sûrs que, de tous ceux qui se sont émus, Jésus s'est montré le plus douloureusement frappé. Il aime tant, il admire tant le Baptiste ! Autour de lui, la crainte se lève. On presse Jésus de se mettre à l'abri.
S'il voulait écouter de tels conseils, il resterait en Judée, hors de portée des hommes de main d'Hérode. Que croyez-vous qu'il ait fait ? Il s'est mis en route pour la Galilée. Là où règne le tétrarque. Là où il sera le plus exposé.

Trois routes s'offrent à lui : celle qui suit le Jourdain, le plus souvent choisie par les voyageurs. La deuxième qui ne s'éloigne guère de la Méditerranée. La troisième, entre les deux premières, qui traverse le pays de Samarie. Les Juifs pieux l'évitent soigneusement. Pourquoi ? Voici.
La Palestine est divisée en quatre provinces : la Galilée, la Samarie, la Judée et la Pérée.
Si les Juifs de Galilée, de Judée et de Pérée obéissent à la même loi religieuse, il n'en est pas de même des habitants de Samarie : les *Samaritains*. Ce sont, il est vrai, des gens singuliers.

LA SAMARIE
Comme au temps de Jésus, des pentes et des sommets arides alternent avec des vallées fertiles. Le voyageur passe fréquemment, à quelques kilomètres de distance, de landes caillouteuses à des zones verdoyantes.

Le culte des idoles

En l'an 722 avant notre ère, la population du royaume d'Israël avait été emmenée en captivité par les Assyriens. En Samarie, des colons assyriens avaient remplacé les Juifs déportés. Ils avaient apporté avec eux le culte des idoles, c'est-à-dire qu'ils représentaient leurs dieux sous forme de statues. On adorait celles-ci comme si elles étaient elles-mêmes des dieux. Les Juifs de Samarie qui avaient échappé à l'exil s'étaient mis peu à peu à imiter les occupants assyriens et, sans oublier la loi de Moïse, à vénérer aussi des idoles.

Un jour, les Juifs déportés ont pu regagner la Palestine. Ils ont découvert avec effroi les habitudes nouvelles des Samaritains. A leurs yeux, ce peuple fortement mêlé d'Assyriens idolâtres n'était plus vraiment juif. Il fallait l'écarter de la communauté d'Israël. Ce qui a été fait.

LA SAMARIE SOUS LA LOI DES ASSYRIENS
Au VIIIe siècle avant notre ère, le roi d'Assyrie Sargon II conquit la Samarie et déporta ses habitants vers l'est. Ceux-ci furent remplacés en grande partie par des Babyloniens et des Araméens.

Les Samaritains, eux, ont réagi avec autant d'orgueil que de vigueur. Ils ont construit sur le mont Garizim, au sud de Naplouse, un temple rival de celui de Jérusalem. Au temps de Jésus, ils continuent à observer leurs propres préceptes et manifestent le plus parfait mépris pour les Juifs de Judée ou de Galilée. Ceux d'entre eux qui se risquent en Samarie sont fréquemment injuriés. Quelquefois, on les frappe.
Dites-vous bien que les Juifs rendent largement aux gens de Samarie ce mépris et cette hargne : « *L'eau des Samaritains*, disent-ils, *est plus impure que le sang même du porc.* » On n'est pas plus aimable !

Le puits de Jacob

Est-ce parce que cette route de Samarie est la plus courte – cent trente kilomètres, quatre jours de marche – que Jésus l'a choisie ? La veille, il a quitté Jérusalem, suivi de ses disciples. On a dormi à l'étape. Dès l'aube, on s'est remis en marche. Sans cesse la route grimpe – jusqu'à huit cents mètres – et descend.

A midi le soleil frappe dur. Voici un village du nom de Sichar. Dès que les disciples l'abordent, les souvenirs de la Bible leur reviennent en foule : là se trouve le puits dont on dit qu'il a été creusé par Jacob, fils d'Isaac et de Rébecca, dernier de ces *patriarches* en qui les Juifs voient les ancêtres de leur peuple. Tout autour s'étend la terre que le même Jacob a donnée à son fils Joseph.

Jésus est fatigué. Il a soif, il a faim. Il décide que l'on s'arrêtera là. Les disciples s'en vont au village acheter de quoi manger. Jésus s'approche du puits, s'assied dans son ombre.

Une femme de Samarie paraît. Elle vient pour puiser de l'eau. Doucement, Jésus lui dit :

– Donne-moi à boire.

LE PUITS DE JACOB
Le voici dans son état actuel. Est-ce vraiment celui que le patriarche Jacob aurait fait creuser ? La seule certitude, c'est qu'il s'agit de l'unique point d'eau de la région, ce qui plaide en faveur de son authenticité. Par ailleurs, les fouilles qui ont été pratiquées là ont permis de retrouver des tessons de l'âge du fer et des lampes des périodes grecques et romaines, preuves d'une réelle antiquité.

N'en croyant pas ses oreilles, la femme le regarde. Elle a reconnu en lui, grâce à son costume, un Juif. Elle sait qu'un Juif pieux s'interdit d'adresser la parole en public à une femme, même s'il s'agit de son épouse, de sa sœur ou de sa fille. Elle sait le mépris que les Juifs ressentent pour les Samaritains. Et comment ignorerait-elle ce qu'ils pensent de l'eau de Samarie ? Pourtant, celui-ci lui a parlé. Il lui a dit :

– Donne-moi à boire.

Jésus et la Samaritaine

La stupeur de la femme est si vive qu'elle met un moment à l'exprimer. Enfin :

– Comment ! Toi qui es juif, tu me demandes à boire ! A moi, une Samaritaine !

Elle a dit cela avec vivacité, voire avec une certaine agressivité. C'est avec une infinie douceur que Jésus lui répond :

– Si tu connaissais celui qui t'a dit : « Donne-moi à boire », c'est toi qui lui aurais fait la demande et il t'aurait donné de l'eau vive.

Ce langage est si nouveau pour elle – et celui qui en use est si

impressionnant – qu'elle va, comme malgré elle, l'appeler « Seigneur » :
– Seigneur, tu n'as rien pour puiser et le puits est si profond ! D'où la tirerais-tu, cette eau vive ? Serais-tu plus grand que notre père Jacob qui nous a donné ce puits, y buvait lui-même, y faisait boire ses fils et y abreuvait ses troupeaux ?
– Celui qui boit l'eau de ce puits, répond Jésus, aura de nouveau soif. Celui qui boira l'eau que je lui donnerai n'aura plus jamais soif.
Ce qu'il dit, aussitôt elle le croit. Elle implore :
– Seigneur, donne-moi de cette eau afin que je n'aie plus soif ! Afin que je ne vienne plus ici pour puiser !

Le regard dont il l'enveloppe doit ressembler à celui qu'ont éprouvé ses premiers disciples et tant d'autres après ceux-ci. Il ordonne :
– Va chercher ton mari et reviens.
Elle se trouble :
– Je n'ai point de mari.
La voix de Jésus, alors, se fait plus grave, plus sévère :
– Tu as eu raison de dire : je n'ai point de mari. Car tu en as eu cinq et celui avec qui tu vis en ce moment n'est pas ton mari.
La femme a changé de visage. Elle tremble. Elle crie :
– Seigneur, je vois bien que tu es un prophète !

JÉSUS ET LA SAMARITAINE
Le grand peintre français Philippe de Champaigne a peint, au XVIIe siècle, leur rencontre. Une fois de plus, nous découvrons une femme vêtue à la mode, non pas d'Hérode, mais de Louis XIV.

Je suis le Messie, dit Jésus à la pécheresse

Cette femme est obsédée par ce problème : entre les Samaritains et les Juifs, qui a raison ? Où est la vérité ?
Jésus balaie d'un geste une question qu'il juge sans importance. Pourquoi faudrait-il adorer Dieu à tel ou tel endroit ? Certes le Livre saint annonce que le Messie paraîtra parmi les Juifs. Mais pourquoi ce Messie ne devrait-il sauver que les seuls Juifs ? Il doit être le sauveur de tous les hommes, les Samaritains comme les autres :

– L'heure vient – *et c'est maintenant* – où l'on adorera le Père en esprit et dans la vérité !
La Samaritaine ne comprend pas bien. Elle devine seulement l'importance de ce qu'elle vient d'entendre. Elle balbutie :
– Je sais que le Messie doit venir, celui qu'on appelle Christ. Quand il viendra, il nous expliquera tout.
Imaginez ce qu'elle éprouve quand Jésus prononce les paroles que voici, jamais dites, jamais entendues :
– *Je suis le Messie, moi qui te parle.*
C'est donc une femme qui n'appartient pas au Peuple élu et qui, en outre, vit dans le péché, que Jésus a choisie pour livrer cette révélation inouïe : il est ce Messie annoncé depuis tant de siècles par les prophètes.
La femme s'élance, court avertir les gens de son village. Elle répète partout que le Messie est parmi eux :
– Il m'a dit tout ce que j'ai fait !
Le Messie ! Les gens de Sichar n'en croient pas leurs oreilles. Ils se précipitent vers le puits. Lisez ce qu'écrit l'évangéliste Jean :
« Quand donc ils furent arrivés près de lui, les Samaritains le prièrent de demeurer chez eux. Il y demeura deux jours et ils furent bien plus nombreux à croire. »
Après ces deux journées, laissant derrière lui un village émerveillé, Jésus se remet en route.
Il rentre chez lui. A Nazareth.

JE VOUS FERAI PECHEURS D'HOMMES

Un murmure court le village de Nazareth :

– Jésus est de retour !

Les gens sortent, se hèlent, se hâtent. On dit tant de choses, déjà, sur le voisin charpentier !

Le voici, tel que ces hommes et ces femmes l'ont toujours connu. Bien sûr, nous ne possédons de lui aucun portrait.

Les Juifs répugnaient à reproduire le visage humain. Mais beaucoup de grands peintres ont évoqué Jésus d'après une même image, exposée en France et en Italie depuis le XIIIe siècle, celle dont une toile mystérieuse garde la trace : le suaire de Turin.

Pour ma part, c'est ainsi que je vois Jésus et que je vous propose de le voir. Il est grand, parfaitement proportionné, doté d'une forte musculature – on dirait aujourd'hui qu'il est « bien bâti » – avec un visage imprégné d'énergie mais aussi d'une impressionnante noblesse, un nez fort et osseux, une bouche charnue, une barbe, de longs cheveux.

C'est sous cette apparence que les voisins l'ont vu paraître, poussiéreux, fatigué, rentrant à la maison pour retrouver sa mère.

Donc, on le guette avec une curiosité compréhensible et, de la part de certains, malsaine : est-ce bien vrai, tout ce qu'on raconte ?

On va le savoir assez tôt.

Double page précédente :
JÉSUS CHOISIT SES DISCIPLES
A droite, nous voyons Jésus regagner son village de Nazareth, où l'attendent l'incompréhension et bientôt la haine des habitants. Leur colère éclate quand Jésus, à la synagogue, choisit de lire un texte du prophète Isaïe qui lui assigne une mission éclatante : « L'Esprit du Seigneur est sur moi. » Un peu plus tard, au lac de Tibériade (en haut à gauche), Jésus engage définitivement les premiers de ceux qui seront ses apôtres. Il en fait des « pêcheurs d'hommes ». Mais quand, à Capharnaüm, il n'est bruit que de ses premières guérisons, Jésus s'échappe de la ville. Ses disciples le retrouvent à l'écart, priant (en bas à gauche). Ce qu'il fera désormais, c'est annoncer partout la Bonne Nouvelle de Dieu.

Tous les hommes sont frères quand ils écoutent Dieu

Marie lui a ouvert les bras. Mais c'est lui qui, pour l'embrasser, a dû courber sa haute taille. Avec quelle tendresse !

Ils sont là, tous les deux, dans la maison où il a grandi en fils soumis : le mot *soumis* est dans l'Évangile. Quelle mère n'aurait rêvé d'un tel fils ? Marie ne vit plus seulement dans l'amour sans borne qu'elle lui porte : maintenant, cet amour est mêlé de crainte.

En apparence, il est toujours le même. Pourtant, elle ne le reconnaît plus tout à fait. Elle sait qu'il lui échappe, et qu'il lui échappera de plus en plus. Quand elle l'entend dire *mon père*, elle sait bien qu'il ne parle pas de Joseph.

LE SUAIRE DE TURIN (détail)
C'est au XIIIe siècle que l'on voit apparaître en France une pièce d'étoffe longue de 4,36 mètres et large de 1,10 mètre, conservée en la cathédrale Saint-Jean-Baptiste de Turin. Ceux qui en sont possesseurs affirment qu'il s'agit du linceul qui a enveloppé le corps de Jésus après la mise au tombeau. En 1898, quand l'étoffe fut photographiée à Turin pour la première fois, l'image – un négatif – portée sur la plaque permit de découvrir un visage bouleversant où se mêlaient une douleur profonde et une immense majesté. De nombreuses expertises scientifiques semblèrent confirmer qu'il s'agissait bien du linceul de Jésus. Malheureusement, lorsqu'il fut possible de dater l'étoffe par le procédé du carbone 14, on découvrit que le suaire datait du Moyen Âge. Il n'en a pas moins inspiré les peintres.

Bientôt, elle en aura la preuve. Apprenant qu'il parle à une foule accourue pour l'entendre, elle se rendra auprès de lui, entourée de ces cousins ou neveux que les Juifs appellent indistinctement : frères.

On viendra informer Jésus :
– Ta mère et tes frères veulent te voir.
D'une voix devenue plus forte, il répondra :
– Ma mère et mes frères, ce sont ceux qui écoutent la parole de Dieu et la mettent en pratique.
Marie ne songe pas à se plaindre. Depuis la visite de l'ange, elle vit dans l'attente du jour où Jésus se révélera. Ce moment est arrivé.

Nul n'est prophète en son pays

Le vendredi suivant, jour du sabbat, comme il l'a toujours fait dans son village, Jésus se dirige vers la synagogue de Nazareth. Que de regards, encore, quand il vient prendre sa place au milieu des fidèles ! Sachez qu'ils sont loin d'être tous amicaux, ces regards.
Au moment de la lecture, Jésus se lève. On lui remet le livre du prophète Isaïe. Le texte est inscrit sur une longue bande que l'on déroule autour de deux bâtons de bois. Jésus fait avancer la bande jusqu'au moment où il trouve le passage qu'il se met à lire :
« *L'Esprit du Seigneur est sur moi, parce qu'il m'a consacré par l'onction, pour porter la bonne nouvelle aux pauvres.* »
« *Il m'a envoyé annoncer aux captifs la délivrance et aux aveugles le retour à la vue, renvoyer en liberté les opprimés.* »
Jésus s'arrête. Le silence est devenu profond, oppressant. Chacun comprend que c'est volontairement qu'il a choisi ce texte.
Jésus rend le livre au servant et s'assied. Tous ont les yeux fixés sur lui. Alors il parle :
– C'est aujourd'hui l'accomplissement du passage de l'Écriture que vous venez d'entendre.
Donc, il affirme clairement et publiquement qu'il est envoyé par Dieu ! Des chuchotements montent de l'assistance. On murmure :
– N'est-il pas le fils de Joseph, celui-là ?
Ce garçon, moins d'un an auparavant, était encore charpentier au village : impossible de croire qu'il puisse être l'envoyé du Seigneur !

Jésus élève la voix, évoque les épisodes de la Bible, trop nombreux, qui montrent des Juifs restés sourds à la parole divine. Il rappelle que ce n'est pas au peuple d'Israël que fut envoyé Élie, mais à des étrangers. Quant au prophète Élisée, il n'a guéri de la lèpre aucun Juif, mais bien un Syrien.
C'en est trop. Un beau tumulte s'élève dans la synagogue. Des injures volent à l'adresse du fils de Marie. D'autres, furieux, vont plus loin : ils se saisissent de Jésus et le poussent hors de la synagogue. De force, ils l'emmènent en un lieu escarpé qui domine la vallée. Rien de plus clair : ils veulent le précipiter dans le vide.
Tout à coup, Jésus s'arrache de leurs mains. Il les regarde de telle sorte que, saisis, ils le laissent aller.
Les gens de Nazareth se souviendront de ce qu'il leur a crié :
– En vérité, je vous le dis, aucun prophète n'est bien reçu dans sa patrie !

La première guérison

Ses pas l'ont porté à Cana. Là, on le reconnaît, on l'entoure. Il parle, annonce que Dieu est sorti de son silence et qu'un nouveau dialogue va s'engager entre lui et le peuple d'Israël. Ces paysans l'écoutent, balançant d'abord entre le doute et la foi. Et puis, très vite, ils sont convaincus. Plusieurs d'entre eux supplient Jésus de leur permettre de le suivre. Il accepte.
Il parcourt la montagne, s'arrête de village en village, répand sa parole. L'effet partout est le même : prodigieux. Le bruit se répand dans tout le pays qu'un grand prophète vient d'être envoyé par Dieu.
Ce jour-là, vers la septième heure de la journée, il est de retour à Cana quand il voit devant lui un cavalier : un officier d'Hérode. Les Romains ont autorisé le tétrarque à entretenir une petite armée, surtout pour assurer l'ordre. Ils veillent à ce qu'elle ne soit jamais assez nombreuse pour leur porter ombrage.
Que fait cet officier dans ce coin perdu ? Visiblement, il a accompli une longue marche et il a voyagé à vive allure. Son cheval est couvert de sueur.

JÉSUS GUÉRISSANT UN MALADE
Détail d'un manuscrit du XIIIe siècle, le « Bréviaire d'amour ».

L'officier saute à terre, s'incline devant Jésus. En quelques phrases qui se brisent dans sa gorge, il explique sa présence : il vient de Capharnaüm. Son fils, un petit enfant, a été terrassé par une maladie foudroyante. Des amis lui ont parlé d'un certain Jésus qui prêche dans la montagne et que beaucoup prennent pour un prophète. Alors, puisque les médecins désespèrent de sauver son enfant, il s'est résolu à venir à lui.

Le pauvre homme retient ses larmes. Il supplie Jésus de « descendre guérir son fils », car il va mourir.
Assurément, Jésus est touché par un si grand malheur. Mais pourquoi cet officier lui demande-t-il de « descendre » à Capharnaüm ? S'il croit en lui, ne peut-il comprendre que, pour obtenir ce qu'il veut, la distance ne compte pas ?
Il pense à tous ces gens qui ne cessent de lui demander un miracle. Il soupire :
– Si vous ne voyez pas de signe ni de prodiges, vous ne voulez pas croire !
L'officier supplie :
– Seigneur, descends avant que ne meure mon petit enfant !
Que de pitié sur le visage de Jésus !
– Va. Ton fils vit.
Sans perdre une minute, l'officier saute en selle. Il part au galop. Tôt le lendemain, il approche de Capharnaüm quand il voit accourir au-devant de lui ses serviteurs. D'une voix étranglée d'angoisse, il les interroge. Réponse :
– Ton enfant est vivant !
C'est à qui lui racontera la stupéfiante histoire : la veille, la fièvre est tombée. Aujourd'hui, l'enfant va le mieux du monde.
– A quelle heure s'est-il trouvé mieux ? s'informe le père qui ne parvient pas encore à croire à tant de bonheur.
– C'est hier, à la septième heure, que la fièvre l'a quitté.
La septième heure ? L'heure exacte à laquelle Jésus a dit : « Ton fils vit. »

Des pêcheurs au bord du lac

En quittant Cana, c'est aussi vers Capharnaüm que Jésus va se diriger : dix heures de marche sur le chemin qui descend vers le lac de Tibériade.
Le jour décline quand il retrouve les eaux claires de ce que les Juifs appellent une « mer ». De cette longue foulée dont usent les marcheurs chevronnés, il s'avance le long du rivage.
A quelques mètres de la rive, des pêcheurs, debout dans une barque, jettent leur épervier. Tout à leur tâche, ils ne prêtent aucune attention au voyageur. Mais lui les a reconnus. Il s'arrête et, joyeusement, les appelle :

Page de gauche :
L'OFFICIER D'HÉRODE
Il a entendu parler de l'homme mystérieux en qui certains, déjà, voient un prophète : « Seigneur, s'écrie-t-il, descends avant que ne meure mon petit enfant ! » Et Jésus lui répond : « Va, ton fils vit. »

LES APÔTRES

Avant sa mort, Jésus, choisit certains de ses disciples pour annoncer au monde la Bonne Nouvelle qu'il a révélée. Ces hommes qui deviennent les apôtres, c'est-à-dire ses envoyés, sont au nombre de douze :

- Pierre de Bethsaïde : Simon, le pêcheur, a été renommé ainsi par Jésus qui lui confie une mission particulière : « Tu es Pierre, et sur cette pierre je bâtirai mon Église. »
- André de Bethsaïde, frère de Pierre : pêcheur lui aussi.
- Jacques le Majeur, fils de Zébédée : pêcheur sur le lac de Tibériade.
- Jean l'Évangéliste, frère de Jacques le Majeur : pêcheur sur le lac de Tibériade, « le disciple que Jésus aimait ».
- Philippe de Bethsaïde : probablement pêcheur.
- Matthieu : percepteur d'impôts.
- Barthélemy : compagnon de Philippe, probablement pêcheur.
- Thomas (ou Didyme, c'est-à-dire le Jumeau) : pêcheur.
- Jacques le Mineur, cousin de Jésus : probablement cultivateur.
- Jude (ou Thaddée), frère de Jacques le Mineur et demi-frère de Simon le Zélote.
- Simon le Zélote, demi-frère de Jacques le Mineur et de Jude : religieux essénien.
- Judas, celui dont l'Évangile dit qu'il livra Jésus, qui sera remplacé par Mathias : cultivateur ou pêcheur en Galilée.

LE LAC DE TIBÉRIADE
C'est sur les bords de la mer de Galilée – appelée aussi lac de Génésareth – que Jésus a retrouvé Simon et André. C'est là qu'il leur a dit : « Venez avec moi et je vous ferai pêcheurs d'hommes. »

– Simon ! André !
Les deux hommes lèvent la tête, se croient d'abord victimes d'une hallucination. Mais non, c'est bien Jésus, rencontré au Jourdain, ce Jésus à qui ils se sont déjà donnés corps et âme !
Il ne leur faut qu'un instant pour pousser leur barque vers le rivage, sauter à terre, courir vers lui.
Comme il les accueille ! Il ne prononce que quelques mots, mais quels mots !
– Venez avec moi et je vous ferai pêcheurs d'hommes.
Pourtant, quelques semaines plus tôt, il les avait renvoyés à leurs filets. Sans doute l'heure n'était-elle pas encore venue pour lui d'engager le grand combat. C'est donc qu'elle est arrivée puisqu'il appelle à lui une « armée ».
Oh ! elle sera bien pacifique, cette armée, et bien humble : quelques pêcheurs la composeront, quelques paysans, les plus simples des hommes. Leur seule richesse, c'est de croire en lui, Jésus.
Ni Simon ni André n'hésitent. « Et aussitôt, dit l'évangile de Marc, laissant les filets, ils le suivirent. »
Un peu plus loin, dans une autre barque, Jésus aperçoit Jean, ce disciple rencontré au Jourdain. Il pêche en compagnie de son père Zébédée et son frère Jacques. Les deux frères aussi, Jésus les invite à le suivre. « Et laissant leur père Zébédée dans la barque avec ses employés, ils partirent à sa suite. »

La Bonne Nouvelle

Pourquoi une telle foule devant la synagogue de Capharnaüm ? Parce que Jésus doit y parler. Et ces gens, accourus de tous les quartiers de la ville, pour un peu se battraient afin de franchir la porte !
Entre citronniers et lauriers-roses, Jésus est entré dans cette ville qu'il connaît bien, grosse et prospère agglomération établie au bord du lac. Suivi de Simon, d'André, de Jean et de Jacques, il s'est enfoncé dans les ruelles étroites où s'alignent les maisons de pierre. Des commerçants volubiles l'ont interpellé. Il a croisé des caravanes d'ânes aux bâts surchargés. Ce qui l'a accompagné partout, c'est une tenace odeur de poisson : la richesse de la ville tient avant tout aux pêcheurs qui viennent y vendre le produit de leur pêche.

CAPHARNAÜM
Cette vue de la synagogue nous permet d'évoquer le site où Jésus parla si souvent.

Après quoi, au bord de l'eau, il a gagné la synagogue et s'est mis à parler à ceux qui s'y trouvaient. De minute en minute, on l'a écouté avec une avidité plus grande. De jour en jour, la foule de ses auditeurs a grossi.
Que dit-il ? Avant tout, ceci :
– *Le temps est accompli!*
Imaginez que vous êtes un enfant juif de ce temps-là. Vous connaissez la Bible puisque vous l'avez étudiée avant même de savoir lire. Vous savez que Dieu a promis aux Juifs de leur envoyer un Messie pour les secourir. Vous croisez sans cesse des Romains dans les villes et sur les routes. Vous espérez de toutes vos forces qu'ils seront chassés un jour et vous formulez un vœu ardent : que ce soit par le Messie et que ce jour ne tarde pas trop.
Et voilà que, dans cette synagogue de Capharnaüm où vous a emmené votre père, vous entendez un homme déclarer que cette époque est arrivée :
– *Le temps est accompli !*
Comment ne vous sentiriez-vous pas tout à coup ému, bouleversé ? Et voici que l'homme ajoute :
– *Le Royaume de Dieu est proche !*
Et encore :
– *Croyez à la Bonne Nouvelle !*
La Bonne Nouvelle ? Pourrait-il en exister de meilleure que celle annoncée par Jésus : l'heure du Messie est venue, bientôt les hommes vivront heureux selon la loi de Dieu. Le vœu passionné de tout un peuple sera exaucé : le pays sera libéré de l'occupant.
Ce qui enchante ceux qui l'écoutent, c'est que les paroles du prédicateur inconnu ne ressemblent pas à celles de ces spécialistes de la loi qu'on appelle « docteurs ». Eux relisent éternellement les pages de la Bible. Ils cherchent pendant des heures le sens de chaque ligne, de chaque mot.
Jésus, lui, parle le langage de tous, mais ses paroles vont si loin que nul ne s'aviserait de douter de ce qu'il annonce.

Il dit des choses toutes simples, mais ces choses lui ouvrent les cœurs les plus endurcis.

Un démoniaque et une belle-mère

En ce soir de sabbat, la synagogue est plus pleine qu'à l'accoutumée. Pour entendre Jésus prêcher une fois encore, on s'y écrase.

La chaleur pèse, accablante. Les visages ruissellent et les vêtements se trempent de sueur. Qu'importe puisque Jésus parle ! Ce qui frappe, c'est cette « autorité » soulignée par l'évangéliste Marc. Littéralement, on boit ses paroles.

Mais voici un trouble-fête, un homme bizarre perdu au milieu de la foule. Visiblement, il n'est pas dans son état normal. Il tremble, un peu de bave sort de sa bouche entrouverte. Tout à coup, profitant d'un moment de recueillement demandé par Jésus, il pousse une véritable clameur qui en terrifie plus d'un. C'est à Jésus qu'il s'adresse :

– Que nous veux-tu, toi, Jésus de Nazareth ? Es-tu venu pour nous perdre ? Je sais qui tu es : le saint de Dieu !

Nous supposerions aujourd'hui qu'un personnage de ce genre souffre d'une maladie nerveuse ou peut-être d'épilepsie. En ce temps-là, les Juifs, et d'ailleurs tous les habitants de la planète, sont bien incapables de soigner de tels maux. A leurs yeux, ceux-ci ne peuvent naître que de la présence d'un démon dans le corps du malade.

Le ton sur lequel l'homme est intervenu est propre à confirmer une telle explication. Les fidèles se taisent, épouvantés.

Jésus fend la foule, s'approche de l'homme qui, les yeux révulsés, se démène et se tord. Il lui parle. On ne sait s'il s'adresse au malade ou au démon. Il ordonne au mal de sortir de ce corps.

Dans l'instant, l'homme retrouve ses sens. Il s'apaise, ses traits se détendent. Il sourit.

LES MIRACLES DE JÉSUS
L'enseignement de Jésus a été ponctué par une longue série de miracles. La miniature ci-contre provient d'un manuscrit du XIIIe siècle et représente Jésus guérissant un fou dont les mains sont entravées.

De la foule s'élève d'abord un long murmure qui en un instant s'enfle jusqu'à devenir une clameur :
– Il commande aux esprits impurs et ils sortent !
A la stupeur se mêlent l'admiration et, très vite, l'interrogation. Quel est donc cet homme ? Jésus s'en est allé. La foule quitte en désordre la synagogue, s'engouffre derrière lui dans les rues de Capharnaüm.
Devant une maison, on l'arrête, on l'implore : ici, une femme est gravement malade. C'est la belle-mère de Simon le pêcheur, son disciple. Qu'il vienne et elle sera guérie !
Il consent, entre, se penche vers le lit de la malade. A l'instant elle ouvre les yeux, le considère avec étonnement. Il l'invite à se lever. Sans difficulté, elle se tient debout.

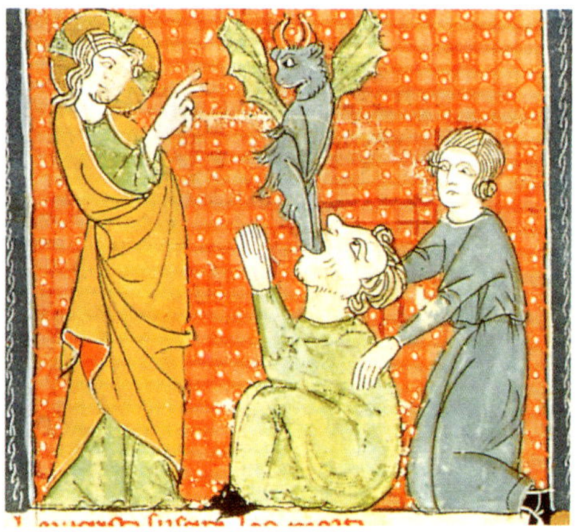

LES MIRACLES DE JÉSUS
Cette miniature provient du même manuscrit du XIIIe siècle que page 95. Jésus guérit ici un possédé – quelqu'un dont le diable a investi le corps.

Dans la pièce s'élève un nouveau cri de stupeur et d'admiration. La femme s'empresse, elle va prendre un plateau, des tasses. Elle verse à boire. Les gens l'interrogent : se sent-elle bien ? Comme un charme !
Lui reste silencieux, comme perdu en un rêve de paix et d'amour.

La ville entière vient à Jésus

Voilà pour le coup tout Capharnaüm en révolution ! D'une rue à l'autre, d'un quartier à l'autre, la nouvelle court la ville : Jésus, dans l'après-midi, a guéri deux fois !
Un immense espoir se lève parmi les familles où souffrent des malades. Au-delà du lac, le soleil glisse lentement derrière les hautes collines. Il est 7 heures du soir. Jusque-là, on s'est senti tenu par les prescriptions du sabbat : interdiction de toute activité physique pendant la journée du samedi. Maintenant que s'annonce la nuit, c'est la ruée des habitants de la ville vers la maison où Jésus s'est arrêté.
« Au coucher du soleil, écrit l'évangéliste Luc, tous ceux qui avaient des malades atteints de maux divers les lui amenèrent

et lui, imposant les mains à chacun d'eux, il les guérissait. » « La ville entière était rassemblée devant sa porte », ajoute l'évangéliste Marc.

Il s'en allait en Galilée

Le lendemain matin, quand Simon et les autres pêcheurs entrent dans la chambre où il repose, ils la trouvent vide. Ils cherchent Jésus dans toute la maison : il n'y est pas.
Voilà des hommes au comble de l'inquiétude. Qu'est-il advenu à celui qu'ils ne veulent plus désigner autrement que comme leur Maître ? L'a-t-on enlevé ? Est-il prisonnier ?
Ils s'élancent au-dehors, cherchent des indices. En voici un : bien avant le jour, quelqu'un a vu passer Jésus. L'homme indique une direction. Ils s'y jettent. Ils vont enfin le trouver : « dans un lieu désert », dit Marc.
Il est là, devant eux, agenouillé, tête baissée, yeux clos. Il prie. Simon et ses compagnons l'interpellent :
– Tout le monde te cherche !
Pour eux, il n'est pas d'hésitation possible : il faut rentrer à Capharnaüm où Jésus a remporté un si grand triomphe, où tant de gens l'attendent.
Jésus secoue la tête. Capharnaüm n'était qu'une étape sur le long chemin qui l'attend :
– Allons ailleurs, dans les bourgs voisins, afin que j'y prêche aussi. C'est pour cela que je me suis mis en route.
Il secoue la poussière de sa tunique et montre le chemin. Ils le suivent.

SIMON PIERRE
Ce portrait de l'apôtre Pierre remonte au XIIe siècle. Il est exposé dans un monastère de Turquie.

FILS DE L'HOMME

Combien sont-ils autour de Jésus? Plusieurs centaines à coup sûr. Dès que son arrivée a été annoncée au village, les moissonneurs ont quitté leurs champs, les bergers ont abandonné leurs troupeaux – un enfant suffira à les garder –, les cueilleurs d'olives ont planté là leurs échelles, les femmes ont renoncé à pétrir le pain.
Tous, ils ont couru vers la plaine où, assis à terre, détendu, souriant, il se repose après l'étape du jour. Ceux que l'on appelle maintenant ses *apôtres* l'entourent. Ils sont douze – et d'ailleurs on les appelle *les Douze*. Ils veillent à tout : qu'on le laisse au moins respirer, qu'on ne l'accable pas de questions stupides, qu'on ne tienne pas à tout prix à le toucher, que même on ne cherche pas à lui arracher un morceau de son vêtement !
Bien sûr, Simon Pierre est là, et Jean et aussi Jacques, Philippe, André, Barthélemy. Mais en voici un que vous ne connaissez pas encore : Matthieu, un fonctionnaire au service des Romains, chargé d'encaisser les impôts. Jésus l'a rencontré, lui a fait signe de le suivre et il s'est levé, abandonnant son bureau, ses registres et ses comptes. Voici Simon le Zélote, l'un de ces résistants coriaces qui ne pensent qu'à faire la guerre aux Romains. En voici d'autres : Jude, Thomas, un second Jacques que l'on appelle « le Mineur » pour qu'on ne le confonde pas avec le frère de Jean. Tous, comme Jésus, sont originaires de Galilée.
Seul le douzième apôtre vient de Judée, au sud du pays : il se nomme Judas.

Double page précédente :
JÉSUS RÉPAND LA BONNE PAROLE
Ce dessin évoque la foule toujours plus nombreuse qui accourt vers Jésus lorsqu'il arrive dans un village. Le texte ci-contre précise les conditions dans lesquelles Jésus prend la parole et les sentiments qui agitent cette foule. Nous voyons à droite un aveugle conduit par un enfant, qui espère la guérison. Au centre, c'est une femme paralysée qui est portée vers Jésus. A gauche, les apôtres entourent Jésus et le protègent d'un enthousiasme qui, quelquefois, peut se révéler périlleux pour lui ; Jésus, monté sur un rocher, répand sur tous, hommes, femmes et enfants, la Bonne Parole.

Une éloquence qui frappe en plein cœur

Elle attend, cette foule : frémissante de curiosité, dévorant Jésus des yeux, avec un mélange de crainte, de respect et d'affection, avide avant tout de l'écouter.
Lentement, il se dresse. En arrivant, les apôtres ont repéré un rocher qui domine la plaine. Ils l'ont signalé à Jésus. Il s'y dirige, le gravit. De la foule surgit un murmure d'approbation. Maintenant tout le monde peut le voir.
Il parle.
Tout ce que nous savons le prouve : sa parole a exercé partout, sur tous les auditoires, une extraordinaire fascination. Dès qu'il

LA GALILÉE
Ce paysage est demeuré identique depuis le temps de Jésus. Il résume à la fois ces plaines, ce lac, ces montagnes parcourus inlassablement par le fils de Marie. De la Galilée, Flavius Josèphe disait qu'elle était « féconde partout et plantureuse ».

– Demandez et l'on vous donnera. Cherchez et vous trouverez. Frappez et l'on vous ouvrira.
Il pose des questions toutes simples, et qui frappent d'autant plus ces gens simples :
– Quel est celui d'entre vous à qui son fils demanderait du pain et qui lui remettrait une pierre ?
Cette seule idée scandalise les auditeurs. Jésus poursuit :
– Quel est celui d'entre vous, si son fils lui demande un poisson, qui lui remettra un serpent ?
Personne bien sûr !
– Si donc vous qui êtes mauvais vous tenez à donner de bonnes choses à vos enfants, comment votre Père qui est dans les cieux n'en donnerait-il pas de bonnes à ceux qui lui en font la prière ?
Et aussitôt, tous sont persuadés qu'il dit vrai. Ils le sont encore plus quand il leur donne ce conseil capital :
– Tout ce que vous voulez que les autres fassent pour vous, faites-le vous-mêmes pour eux.
Ce conseil deviendra l'une des règles essentielles de la religion de Jésus : le *christianisme*.

Les foules de Galilée

Il marche, de son long pas souple et sûr. Quand le chemin grimpe trop dur, il s'appuie sur un bâton. En cheminant, il converse avec l'un ou l'autre des apôtres. Ils ont tant de questions à lui poser ! Il répond toujours.

Derrière lui, une véritable cohue s'avance maintenant. Des hommes, des femmes, des enfants. Un jour, Jésus s'est arrêté dans leur ville ou leur village et, quand il est parti, ils ne se sont pas résignés à ne plus l'entendre. Ils se sont mis en route avec lui. Ils vont le suivre pendant des jours, parfois pendant des semaines. Chaque jour ils sont plus nombreux : jamais les mêmes, car si les uns partent, d'autres arrivent.

Regardez-la, cette escorte si singulière, la plus disparate qu'on puisse imaginer : paysans aisés, propriétaires de leurs champs, habiles à cultiver la terre la plus fertile de Palestine. Voici des ouvriers agricoles, hommes libres – il n'y a pas d'esclaves en Israël – mais pauvres parmi les pauvres. Voici les gens du lac, que leurs pêches abondantes mettent à l'abri du besoin. Voici leurs employés, aussi démunis que ceux qui travaillent pour un fermier. En voilà aussi qui s'appuient sur des béquilles. Voilà un aveugle qui se laisse guider par un enfant. Voilà un lépreux à la chair rongée, dont tout le monde s'écarte et qui marche seul.

Tous, ils suivent Jésus. Pleins d'espoir. Les bien-portants attendent de lui qu'il leur explique ce mystère : que fait l'homme sur la terre ? Que doit-il accomplir pour plaire à Dieu ?

Pour les malades, c'est tout simple : ils espèrent que Jésus les guérira. Alors ils ne le quittent pas d'une semelle. Ils vivent l'espoir chevillé au cœur. Chaque étape représente pour eux une terrible épreuve. Qu'importe : ils se traînent, mais ils suivent.

C'est qu'il ne tient pas en place, Jésus. Sans cesse, en Galilée, il va, vient, de l'est à l'ouest : quarante kilomètres ; du sud au nord : quatre-vingts kilomètres. Cela ne fait pas un bien grand territoire, moins que la surface d'un département français, mais songez que Jésus le parcourt à pied !

Tantôt il est dans la plaine d'Esdrelon, si féconde, tantôt au bord du lac de Tibériade, si poissonneux, tantôt dans les collines aux villages blancs, tantôt gravissant les montagnes de la haute

LES ITINÉRAIRES DE JÉSUS

Galilée. Partout il parle, partout il enseigne. Partout on vient à lui. Partout il guérit.

Jésus guérit un lépreux

Une fois de plus la foule l'entoure, le cerne, l'encercle. Il pose sur elle son regard débordant de cette tendresse que ces fidèles reçoivent comme une preuve : il les connaît, il les comprend, il les aime.
Quel est cet homme qui joue des coudes pour fendre les rangs serrés ?
Cet homme est un lépreux. Sur son visage s'élargit un trou affreux. Tout son corps est parsemé de répugnantes taches rouges. Il n'y a pas en ce temps en Palestine une seule personne qui ne sache que la lèpre est une maladie terriblement contagieuse. Quand on est frappé par elle, on ne guérit jamais. On meurt.

LA GUÉRISON DU LÉPREUX
Ici, le peintre Melchior a suivi à la lettre le texte de l'Évangile qui nous montre un lépreux prosterné devant Jésus, front contre terre et l'implorant : « Seigneur, si tu veux, tu peux me guérir ! » On compte quarante et un miracles dans la vie de Jésus : « Le témoignage, disait-il, que c'est le Père qui m'a envoyé. »

La foule fait silence : le lépreux est parvenu devant Jésus. Et le voilà qui, tout à coup, se laisse tomber, face contre terre, aux pieds de Jésus. La bouche dans la poussière, il crie :
– Seigneur, si tu le veux, tu peux me guérir !
La voix de Jésus tombe vers lui :
– Je le veux, sois guéri !
Un moment, l'homme reste immobile, comme étourdi. Puis, lentement, il se relève. Un grand cri dans la foule : la plaie du visage s'est refermée ! Les taches du corps ont disparu.
Le lépreux sanglote, hurle sa joie, sa gratitude. Jésus le calme : inutile de crier sa guérison sur les toits, qu'il aille simplement la faire constater par les prêtres et qu'il remercie Dieu.
L'homme, couvrant Jésus de bénédictions, s'éloigne à grands pas pour lui obéir.

La fille de Jaïre

Quand Jésus veut passer d'un bord du lac de Tibériade à l'autre, il emprunte la barque d'un pêcheur. Sur l'eau, ses apôtres retrouvent les gestes familiers appris dans l'exercice de leur métier ; ils déploient la voile ou, s'il n'y a pas de vent, pèsent allégrement sur les rames.
Ce jour-là, Jésus vient de débarquer à Capharnaüm. Sur le port, un homme l'attend. Il s'appelle Jaïre. C'est un Juif pieux, chef de la synagogue. Il s'approche de Jésus, tombe à genoux devant lui, le supplie : il est père d'une fille de douze ans qui se meurt. Que Jésus le veuille, et elle vivra !
Simplement, Jésus lui demande de passer devant lui pour lui montrer le chemin. Jaïre s'empresse. La foule s'engouffre derrière Jésus.
Sur le chemin, un serviteur survient, le désespoir au visage :
– Ta fille est morte à présent, dit-il au chef de la synagogue, ne dérange plus le Maître...
Devant un aussi grand malheur, la foule s'afflige, mais Jaïre porte vers Jésus le regard d'un homme qui ne veut pas désespérer.
– Sois sans crainte, lui dit Jésus, crois seulement et elle sera sauvée.

LES MIRACLES

L'origine du mot *miracle* est latine et vient du verbe *mirari*, qui peut se traduire par « s'étonner ». Un miracle est un fait qui ne s'explique pas naturellement et qui, par conséquent, est attribué à l'intervention de Dieu. L'Évangile nous dit que les miracles ont été accomplis par Jésus afin que les hommes croient en lui, l'envoyé de Dieu.

Il existe dans l'Évangile une vingtaine de récits de miracles que l'on peut classer ainsi : les miracles sur les choses de la nature (la tempête apaisée, la multiplication des pains, la pêche miraculeuse), les expulsions de démons, la résurrection de trois morts (le fils de la veuve de Naïm, la fille de Jaïre et Lazare, l'ami de Jésus) et les guérisons. Ces miniatures d'un manuscrit du XIIIe siècle nous en montrent plusieurs exemples : Jésus guérit un muet, un paralytique, puis un sourd et enfin un aveugle. (Vous trouverez d'autres représentations de ce manuscrit aux pages 95 et 96.)

Elle n'est pas morte, elle dort

Il suit Jaïre jusque chez lui. La maison tout entière est en deuil. Comme le veut la tradition, on a retourné les meubles. Des joueurs de flûte font entendre un chant plaintif.
Quand Jésus passe le seuil, la foule veut le suivre. Il le lui interdit. Il permet seulement à Pierre, Jean et Jacques de l'accompagner. La mère de l'enfant l'accueille, le visage baigné de larmes. Elle précède Jésus jusqu'à la chambre mortuaire.
Quand ils parviennent jusqu'au lit où repose la jeune morte, tous ceux qui sont présents pleurent et se frappent la poitrine : la mort d'un enfant est une si grande injustice.
Jésus leur dit seulement :
– Ne pleurez pas, elle n'est pas morte, elle dort.
Les autres se récrient, le corps de la fillette est froid, son visage apparaît d'une blancheur de marbre : il semble que tout le sang s'en soit déjà retiré. Comment douter qu'elle est morte ?
Jésus prend la main inerte. Il commande :
– Enfant, lève-toi !
A l'instant même, elle tressaille, ses traits s'animent, elle ouvre les yeux. Elle s'assied dans son lit, regarde autour d'elle avec étonnement.
Elle obéit à l'ordre de Jésus : elle se lève.
Chacun demeure saisi de stupeur. Les parents restent comme figés sur place. C'est Jésus, comme s'il se moquait d'eux, qui va les rappeler à la réalité :
– Donnez-lui donc à manger !

Tempête sur le lac

Dans l'histoire de Jésus, le lac de Tibériade revient sans cesse. Chaque fois qu'ils le peuvent, les apôtres pêcheurs retournent à leur métier. Ils ont des femmes, des enfants, des familles. Il faut bien qu'ils les fassent vivre. Jésus s'éloigne avec d'autres disciples, poursuit ailleurs son enseignement et retrouve toujours avec joie, quelques jours plus tard, ceux dont il s'était séparé.
Cette nuit-là, sur les bords du lac, Jésus s'est retiré loin de la foule, comme il le fait souvent. Il tient à rester seul, discrète-

ment veillé à quelque distance par les apôtres. Ils le voient, pendant de longues heures, plongé dans une méditation profonde. La tête dans les mains, il prie.
Pierre et les autres pêcheurs sont allés pêcher. Contents de ce qu'ils ont pris, inquiets aussi d'un grand vent qui s'est levé vers minuit, ils ont décidé de rentrer vers Capharnaüm. Malheureusement, le vent vient de l'ouest. Ils ont donc, comme disent les marins, « le vent debout ». Impossible de naviguer à la voile. C'est à la rame qu'ils tentent de gagner le port.
A 3 heures du matin, malgré des efforts surhumains, ils sont encore à cinq ou six kilomètres de Capharnaüm. Le vent, encore plus violent, les repousse vers le large. Épuisés, ils désespèrent de parvenir jamais au but. D'énormes vagues les secouent. Vont-ils couler, périr corps et biens ?

Il marchait sur les eaux

Qui a crié le premier ? Pierre ? Un autre ? Une forme s'avance dans la nuit sur les flots agités. Les apôtres scrutent l'obscurité. Qu'est-ce donc ?
La forme s'approche d'eux. Ils ne peuvent plus en douter : c'est un homme. Oui, un homme qui marche sur les eaux ! Terrifiés, ils se mettent à hurler.
Une voix traverse la tempête :
– C'est moi, ne craignez rien.
La voix de Jésus ! Hors de lui, Pierre s'exclame :
– Si c'est toi, Seigneur, ordonne que je vienne à toi en marchant sur les eaux !

– Viens ! répond la voix de Jésus.
Pierre saute de la barque au creux d'une vague. Stupeur ! Il marche, lui aussi ! Mais, un instant après, il est pris d'angoisse. Aussitôt il s'enfonce, il se noie. Une main ferme saisit la sienne : celle de Jésus qui l'a rejoint. Marchant près de lui, Jésus va le conduire jusqu'à la barque et l'aider à y monter.
Pierre comprendra que c'est là une leçon que Jésus a voulu lui donner. Tant que l'apôtre a cru dans la promesse de Jésus, il a réussi l'impossible : marcher sur le lac comme sur de la terre ferme. Dès qu'il a douté, l'eau l'a englouti. Ce que demande Jésus, c'est que l'on croie en lui. Si l'on croit, on obtiendra tout de lui.

Il commandait aux éléments

D'autres fois, c'est pour fuir la foule que Jésus s'embarque. Il laisse sur le rivage ces gens qu'il aime mais qui ne lui laissent pas de repos. Il saute dans une barque. Les apôtres se mettent aux rames et l'on s'éloigne vers le large.
Jésus a prêché toute la journée. Fatigué, il s'est étendu à l'arrière de la barque de Pierre. Il s'est endormi. Mais, décidément, ce lac de Tibériade est traître. Le vent, cette fois encore, s'est levé, « une sorte de tourbillon terrible », écrit l'un de ceux qui l'ont éprouvé. La petite embarcation est battue par les vagues, elle tangue, roule, des paquets d'eau la recouvrent. Jésus dort toujours,

JÉSUS MARCHE SUR LES EAUX
Cette magnifique miniature illustre un évangile du début du XIIIe siècle. Jésus marche sur les eaux pour secourir ses disciples qui ne parviennent pas à gagner la rive. Pierre, stupéfait, tente de le rejoindre mais s'enfonce progressivement dans l'eau à mesure qu'il perd confiance.

sourd au fracas des eaux qui frappent et des vents qui hurlent. Affolés, les apôtres se décident à le réveiller :

– Maître, nous périssons !

Immense, le calme de Jésus. Il dit seulement :

– Vous n'avez guère de foi...

Il se dresse, dominant de toute sa stature ses disciples cramponnés aux bancs et à la bordure. Il tend la main vers le vent :

– Tais-toi ! ordonne-t-il.

Il se tourne vers le lac :

– Calme-toi !

Ensemble, l'eau et le vent s'apaisent.

Imaginez, lorsqu'ils connaîtront l'épisode, ce que penseront les gens de Galilée. Quoi ! Voici que Jésus, en plus de ses autres prodiges, commande aux éléments !

Qui est-il donc ? Quel est-il, celui qui se fait obéir des vents qui soufflent en tempête et des flots déchaînés ?

JÉSUS CALME LA TEMPÊTE
Éveillé par les supplications de ses apôtres, Jésus leur reproche d'abord leur manque de foi. Puis, face à la tempête, il commande au vent et au lac de s'apaiser. Ce qu'ils font.

Le sermon sur la montagne

Jamais la foule qui suit Jésus n'a été si nombreuse, si avide de l'écouter. Impossible de lui parler s'il ne rejoint une hauteur qui permettra à tous de l'apercevoir, à lui de se faire entendre. La foule sur ses talons, il s'est donc éloigné de Capharnaüm. Ensemble ils ont marché un peu moins de trois kilomètres, se sont élevés vers ce site que l'on appelle aujourd'hui le mont des Béatitudes.

J'ai parcouru moi-même ce chemin. Dans le foisonnement des palmiers et des eucalyptus, ce que j'ai découvert du haut de la colline, c'est une vue unique sur tout le nord du lac de Tibériade. J'ai lu dans un guide touristique : « Même les athées (les gens qui ne croient pas en Dieu) devraient monter ici : pour la vue. »

Jésus s'est assis tout en haut de cette colline. Ceux qui l'ont accompagné se sont installés en contrebas. Et il parle :

LE SERMON DES BÉATITUDES
C'est à cet endroit que Jésus a prononcé le sermon des Béatitudes. L'église que l'on a élevée en ce lieu permet aujourd'hui aux chrétiens de se recueillir tout en admirant la vue sur le lac de Tibériade. On voyait là, il y a quelques dizaines d'années, de vieux arbres dénommés « arbres des Béatitudes » dont on affirmait qu'ils existaient déjà au temps du Christ.

– Heureux ceux qui ont une âme de pauvre, car le Royaume des Cieux est à eux. Heureux les doux, car ils posséderont la terre. Heureux les affligés, car ils seront consolés. Heureux les affamés et assoiffés de justice, car ils seront rassasiés. Heureux les miséricordieux, car ils obtiendront miséricorde. Heureux les cœurs purs, car ils verront Dieu. Heureux les persécutés pour la justice, car le Royaume des Cieux est à eux !

Aimez vos ennemis !

Absolu, le silence de cette foule. Vers Jésus se tendent tous les visages. Et s'ouvrent tous les cœurs. Il poursuit :
– Heureux serez-vous si l'on vous insulte, si l'on vous persécute, si l'on dit faussement contre vous toutes sortes d'infamies à cause de moi. Soyez dans la joie et l'allégresse, car votre récompense sera grande dans les cieux : c'est bien ainsi qu'on a persécuté les prophètes, vos devanciers !
Il sait que l'on se pose à son sujet beaucoup de questions. Il répond :
– N'allez pas croire que je sois venu abolir la Loi ou les prophètes ! Je suis venu non les abolir, mais les accomplir !
Il va parler longtemps encore. Non seulement son discours ne lasse personne, mais on l'écoute avec une émotion croissante. Les phrases tombent, adjurations, promesses, avertissements :
– Et moi je vous dis : Aimez vos ennemis !
Et encore :
– Vous ne pouvez servir Dieu et l'argent !
Quand il se tait enfin, la foule demeure autour de lui, longtemps. Comme si elle ne pouvait s'arracher de celui dont elle sent qu'il répand vraiment la parole de Dieu.
Les apôtres s'interrogent de plus en plus : Jésus est leur maître mais qu'est-il exactement ? Il ne leur a rien confié. Ils sont convaincus qu'il est le Messie. Et s'il était bien davantage ?

Un centurion attend Jésus

Jésus s'est levé. Il traverse les rangs de cette foule bouleversée. On s'écarte devant lui, on s'incline, certains cherchent à le toucher, d'autres à lui parler. Il ne se dérobe à personne, adresse

à chacun un sourire où se lisent une telle bonté, une telle compassion, que tous ressentent vers lui le même élan, la même certitude qu'ils vivent l'instant le plus important de leur vie, qu'ils n'en connaîtront plus jamais de semblable.
Jésus s'engage dans le chemin qui, serpentant au flanc de la montagne, descend vers Capharnaüm. Décidément, ceux qui viennent de l'écouter ne se résignent pas à se séparer de lui. « Des foules nombreuses se mirent à sa suite », dit Matthieu.
Ces gens vont l'escorter jusqu'à Capharnaüm. Mais que fait donc là cet officier romain en uniforme qui, à l'entrée de la ville, se tient immobile sur le bord de la route ?
Une importante force armée romaine tient garnison à Capharnaüm, car la ville est considérée comme un lieu stratégique. Là se croisent les routes qui, venant de Syrie, conduisent à Jérusalem et au port de Césarée. La présence de ce centurion – cela veut dire qu'il commande une centurie : cent hommes à l'origine, plus souvent soixante – n'en paraît pas moins étrange. L'officier ne peut ignorer que vient de se tenir une importante assemblée religieuse. En Palestine, les Romains, pour éviter tout incident, se tiennent en général à l'écart de ce qui touche à la religion.

Dis seulement une parole et mon serviteur sera guéri

Dès qu'apparaît Jésus, le centurion s'avance vers lui. Dans la foule, il en est qui le reconnaissent : parmi les Romains, certains montrent de la sympathie aux occupés. Ce centurion est de ceux-là : « Il aime notre nation, murmure-t-on autour de Jésus, et il a même bâti notre synagogue. »
C'est avec une réserve mélangée de respect que le centurion aborde Jésus et lui adresse la parole :
– Seigneur, mon serviteur est couché dans ma maison, il a été frappé de paralysie, il souffre atrocement.
Jésus enveloppe le centurion de ce regard qui ne cesse d'émerveiller ses disciples.
– C'est bien, dit-il. J'irai le guérir.

Le centurion baisse la tête. Il paraît fort ému. Jésus n'a-t-il pas compris qu'il était païen ? Il murmure :

– Seigneur, je ne suis pas digne que tu entres sous mon toit, mais dis seulement une parole et mon serviteur sera guéri. Car, moi qui obéis à des supérieurs, j'ai des soldats sous mes ordres et si je dis à l'un : Va ! il va, et à un autre : Viens ! il vient, et à mon serviteur : Fais ceci ! il le fait. Tu n'as qu'à faire de même avec moi, Seigneur !

Avec quelle attention Jésus l'a écouté ! Et voici qu'il manifeste à son tour une réelle émotion. « Il fut dans l'admiration », dit Luc. Il se tourne vers ceux qui l'entourent :

– Je vous le dis : pas même en Israël je n'ai trouvé une telle foi ! Quand le centurion rentrera chez lui, il trouvera son serviteur en parfaite santé[1] .

Cet épisode est particulièrement important. Souvenez-vous que les païens sont, aux yeux des Juifs, des êtres méprisables, « pires que des bêtes, indignes de pitié ».

LA PÊCHE MIRACULEUSE
C'est ainsi que le Flamand Jordaens a vu, au XVIIe siècle, ce miracle fameux : les pêcheurs se lamentaient de n'avoir pris aucun poisson. Jésus commanda de jeter le filet et celui-ci se gonfla d'une quantité extraordinaire de poissons.

1. L'épisode est raconté à la fois par Luc et Matthieu. Pour Luc, il s'agit du serviteur du centurion, et pour Matthieu de son fils. Mais les deux récits sont si semblables qu'ils puisent certainement à la même source. L'important est la réaction de Jésus.

En admirant la foi manifestée par ce païen, Jésus affirme avec force que tous les hommes – et pas seulement les Juifs – peuvent prétendre à l'amour et à la miséricorde de Dieu.
De nouveau, et plus dangereusement, il se sépare de l'enseignement traditionnel des prêtres et des scribes. Il aggrave leur hostilité. Et leur colère.

Les larmes de la pécheresse

Jésus vient d'entrer chez un pharisien nommé Simon.
Qu'est-ce qu'un pharisien ? C'est un Juif très pieux qui observe avec d'infinis scrupules les Écritures saintes. Certains sont de vrais croyants, dignes de la plus vive estime. D'autres dissèquent chaque ligne de l'Écriture et s'attachent aux mots – on dit à *la lettre* – des textes, au lieu d'en rechercher plutôt *l'esprit* – c'est-à-dire la pensée qui les a fait naître. Ces derniers n'ont que méfiance à l'égard de Jésus qui, lui, répète sans cesse que ce qui compte, justement, ce n'est pas la lettre mais l'esprit.
Pourquoi le pharisien Simon a-t-il invité Jésus à partager son repas ? Sans doute pour le percer à jour. Signe d'une réserve proche de l'hostilité. Simon n'a pas embrassé Jésus, comme le voudrait l'usage, il ne lui a pas lavé les pieds, il ne lui a pas enduit la tête d'huile parfumée.
Pendant que Jésus se restaure, une femme entre, violemment émue. Elle porte un vase d'où s'exhale l'odeur délicieuse d'un parfum.
Les regards réprobateurs de Simon et de ses hôtes se portent vers elle : on ne la connaît que trop, c'est une de ces femmes qui se

MARIE-MADELEINE LA PÉCHERESSE
Une fois de plus, un grand peintre, Philippe de Champaigne, a laissé libre cours à son imagination : partant du texte de l'Évangile, il a donné à Marie-Madeleine, la pécheresse, réalité et matérialité. Cette femme, pardonnée par Jésus, deviendra l'une des plus ferventes parmi ses fidèles.

laissent aimer par le premier venu, voire par plusieurs en même temps, une *pécheresse* comme ils disent.
La femme n'a d'yeux que pour Jésus. Elle tombe agenouillée. Elle sanglote. Elle incline le vase afin que son parfum se répande sur les pieds de Jésus. Tout se mêle : les larmes et le parfum. Elle dénoue sa chevelure, s'en sert pour essuyer les pieds de Jésus qu'elle couvre en même temps de baisers.
Avec quel mépris Simon et ses amis la regardent ! Jésus, à qui rien n'échappe, s'adresse à Simon :
– Simon, j'ai quelque chose à te dire.
– Parle, maître.
– Un créancier avait deux débiteurs, l'un pour cinq cents deniers, l'autre pour cinquante et aucun des deux ne pouvait s'acquitter de sa dette. Il fit grâce à tous les deux. Lequel l'aimera davantage ?
– Sûrement, dit Simon, celui qui devait le plus d'argent !
– Bien jugé, Simon ! Alors, que penses-tu de cette femme ?
Rien de plus clair en effet : cette femme qui a tant péché vient de prouver par son désespoir qu'elle regrette amèrement ses erreurs. Le repentir est ici à la mesure des péchés.
Ce que veut faire comprendre Jésus, c'est que plus grande est la conscience des fautes commises et plus grand se révélera l'amour de Dieu
– Ta foi t'a sauvée, dit Jésus à la pécheresse. Va en paix.
Cette femme s'en retourne, au comble du bonheur. Pardonnée. Comme lavée de ses péchés. L'évangéliste Luc ne nous livre pas son nom. Plus loin, il parle d'une certaine Marie, originaire du village de Magdala et guérie par Jésus qui avait chassé de son corps « sept démons ».
On s'est demandé s'il ne s'agissait pas de la même femme. La tradition chrétienne a donné à Marie de Magdala un nom différent quoique tout proche : Marie-Madeleine.
L'Église en a fait une sainte.

Les morts ressuscitent

Il grimpe vraiment dur, ce sentier ! En longue file, Jésus et ses disciples ont quitté Capharnaüm et, le souffle un peu court, s'élèvent vers le petit village de Naïm, près de Nazareth.

Voici que l'on se heurte à un cortège qui – lui – descend de la colline. Des porteurs, retenant leurs pas pour ne pas glisser, soutiennent une civière sur laquelle repose, raidi dans un linceul, un jeune mort. La colline est creusée de tombes : c'est dans l'une d'elles que l'on porte ce jeune homme.

Jésus et les siens s'écartent : respect devant la mort. Ils se rangent sur le bord du chemin. Derrière la civière, précédant les gens du village, apparaît une femme en pleurs : la mère.

Un disciple qui connaît bien la région se penche à l'oreille de Jésus. Il explique que cette femme est veuve. C'est son fils unique que l'on porte en terre.

Perdue dans son désespoir, hors du monde, la femme avance en chancelant, le regard obstinément fixé sur cette civière qui, à chaque pas, lui arrache un peu plus son fils bien-aimé. Comment demanderait-elle quoi que ce soit à Jésus, puisqu'elle ne l'a même pas aperçu ?

JÉSUS RESSUSCITE UN MORT

C'est dans un manuscrit du XIIIe siècle, le « Bréviaire d'amour », que l'on trouve cette image de Jésus ressuscitant un mort. Rendu à la vie, il se redresse aussitôt.

Pour Jésus, une telle douleur représente plus qu'il ne peut en supporter. Il s'approche de la mère. Et doucement :

– Ne pleure pas, dit-il.

Elle ne comprend pas et, à travers ses larmes, tourne vers lui un regard interrogateur. Jésus rejoint la civière. Étonnés, les porteurs s'immobilisent.

Jésus pose la main sur le corps. Il dit seulement :

– Jeune homme, je te l'ordonne, lève-toi !

« Et le mort, dit Luc, se dressa sur son séant et se mit à parler. »

JÉSUS ET
LE PARALYTIQUE
Une autre image du « Bréviaire d'amour ». On y voit Jésus guérissant un paralytique. A gauche, l'impotent ne peut marcher qu'appuyé sur ses béquilles. A droite, il s'en va guéri, emportant les béquilles avec lui.

Les paralytiques marchent

Nul n'a vu Jésus regagner Capharnaüm. Quand les habitants de la ville apprennent qu'il s'y trouve de nouveau, ils accourent de toutes parts, assiègent la maison qui le reçoit. Un grand appel jaillit de toutes les poitrines :
– Jésus ! Jésus !
Il apparaît sur le seuil, campé dans cette autorité souveraine mêlée d'une infinie douceur que chacun lui connaît désormais. Le silence s'établit. Une fois de plus il parle. Une fois de plus on l'écoute.
Or, au même moment, quatre hommes portant à bout de bras un paralytique sur un brancard essaient vainement de fendre la foule. Comment, à travers cette masse compacte, s'approcher de Jésus ? D'un commun accord, ils renoncent. L'un d'eux – un

malin – propose : et si l'on faisait le tour de la maison ? Aussitôt dit, aussitôt fait.
L'idée se révèle d'autant plus ingénieuse que le quartier s'étale sur une pente : la terrasse – en fait le toit – de la demeure où habite Jésus se trouve presque de plain-pied avec la rue de derrière.
Les porteurs n'en démordent pas : s'ils parviennent à présenter le paralytique à Jésus, celui-ci le guérira. Ils usent des grands moyens : ils se hissent sur la terrasse et, à travers les lattes et le torchis dont elle est construite, ils creusent un large trou.
Ils attachent de cordes le brancard et, en toute audace et tranquillité, le font glisser par le trou dans la maison.

Lève-toi, dit Jésus

Jésus vient d'y entrer. Une foule de gens l'ont suivi qui l'assaillent de questions. Certains apparaissent pleins de réserve, et même de réprobation : ce sont ceux que l'on appelle des *scribes*, des spécialistes de la Loi juive. De plus en plus, la façon dont Jésus interprète la Bible et la Torah les choque.
Ce paralytique qui tombe du ciel, vous pouvez bien imaginer qu'il a fait sensation ! Je ne puis m'empêcher de penser que Jésus a dû poser sur lui un regard d'abord amusé.
Ce qui le frappe, c'est l'incroyable entêtement des porteurs. Ceux-là possèdent, chevillée au corps, cette foi qu'il exige de tous ceux qui le suivent : « Croyez et vous serez exaucés », a-t-il dit.
Au paralytique, un adolescent, il déclare :
– Mon enfant, tes péchés te sont pardonnés.
Les scribes présents se rembrunissent. Ils pensent : « Comment celui-là parle-t-il ainsi ? Il blasphème ! Qui peut pardonner les péchés, sinon Dieu seul ? »
Jésus se tourne vers eux : il a percé à jour toutes leurs pensées. Avec quelque véhémence, il lance :
– Pourquoi de telles pensées dans vos cœurs ? D'après vous, qu'y a-t-il de plus facile, dire au paralytique : « Tes péchés te sont pardonnés », ou bien dire : « Lève-toi, prends ton brancard et marche » ?
Les scribes, interloqués, ne disent mot. Il poursuit en haussant le ton :

– Eh bien ! pour que vous sachiez que le Fils de l'Homme a le pouvoir de pardonner les péchés sur la terre, je te l'ordonne, dit-il au paralytique, lève-toi, prends ton brancard, et rentre chez toi.
Ahuri et rayonnant tout à la fois, le paralytique se lève et, le brancard sous le bras, fendant la foule abasourdie, il s'en va.
Un long murmure monte vers Jésus :
– Jamais, jamais, nous n'avons rien vu de pareil !
Un homme, tout à coup, s'exclame :
– Gloire à Dieu !
La foule, dans un même cri, répond :
– Gloire à Dieu !

Des aumônes pour Jésus

Sans doute vous êtes-vous demandé comment vivait Jésus. Ces déplacements incessants, cela doit coûter cher. Où prend-il l'argent ? En fait, Jésus, depuis qu'il a quitté Nazareth, n'a plus de domicile. Il vit chez l'un ou l'autre de ceux qui lui accordent l'hospitalité. A Capharnaüm, Pierre l'a souvent accueilli. Ailleurs, ce sont des inconnus qui ouvrent leurs portes à cet homme de Dieu.
L'habitude, chez les Juifs, est de distribuer des aumônes. Partout où se rend Jésus, les apôtres reçoivent ainsi de l'argent qui permet d'acheter la nourriture nécessaire à un groupe relativement nombreux : non seulement Jésus et les Douze, mais ceux qui les suivent. Luc nous le dit : plusieurs femmes qui avaient été guéries par Jésus, Marie de Magdala, Jeanne, femme d'un intendant d'Hérode, Suzanne et plusieurs autres aidaient Jésus et les Douze « de leurs biens ». L'apôtre Thomas, le premier, s'est chargé de conserver cet argent et de l'utiliser au mieux. Plus tard, ce sera Judas.

Un banquet chez Matthieu

Chez Matthieu, quelle animation ! L'apôtre offre un grand banquet chez lui. Il y a convié Jésus.
Vous n'avez pas oublié que Matthieu, avant de tout abandonner pour suivre Jésus, a travaillé au service des Romains.

MATTHIEU, LE PUBLICAIN
Fra Angelico, l'un des plus grands peintres italiens du XVIe siècle, a imaginé ici l'apôtre Matthieu. Il tient en main un registre, insigne de ses fonctions de percepteur d'impôts.

De tels fonctionnaires sont fort nombreux : agents du fisc ou douaniers, ils perçoivent auprès des Juifs les taxes et les impôts destinés à l'occupant haï. Résultat : ils sont eux-mêmes détestés. On les appelle des *publicains*.
La majeure partie d'entre eux sont des gentils, des non-Juifs. Les Romains préfèrent cela : autant éviter des ennuis avec la population. Certains Juifs, pourtant, balayant tout scrupule, acceptent de telles fonctions : elles rapportent beaucoup d'argent. Aussitôt, la réprobation pèse sur eux. Ils sont tenus à l'écart, à peu près totalement exclus de la communauté. C'est à peine si on les considère encore comme juifs.
Matthieu, en désertant le service des Romains pour suivre Jésus, a donc accompli un saut gigantesque. Fier de faire connaître son Maître à ses amis, il les a conviés à un repas. Parmi eux, on compte – c'est logique – un certain nombre de publicains. Ils sont là. Matthieu a aussi invité des scribes et des pharisiens. A vrai dire, le mélange paraît assez singulier...
Paisiblement, amicalement, Jésus est venu s'attabler avec les uns et les autres. Depuis le début du repas, l'irritation des scribes et des pharisiens ne cesse de grandir. Vient l'instant fatal où elle va se changer en colère. Ils apostrophent Jésus :
– Pourquoi manges-tu et bois-tu avec des publicains ? Avec des pécheurs ?
Ils devraient se méfier. Comme toujours en de tels cas, Jésus répond du tac au tac :
– Ce ne sont pas ceux qui sont en bonne santé qui ont besoin de médecin, mais ceux qui se portent mal ! Je ne suis pas venu ici pour les justes, mais pour appeler les pécheurs au repentir !
Croyez-vous qu'une telle réponse soit faite pour apaiser les scribes et les pharisiens ? Non seulement Jésus ne se reconnaît pas coupable, mais il ose proclamer que ceux qui ont commis des fautes ont sa préférence ! Un scandale, vraiment !

LES PHARISIENS
Le peintre flamand Grimmer a évoqué au XVIe siècle cette scène si importante où l'on voit des pharisiens prévenir Jésus des menaces qui pèsent sur lui. Grimmer a situé l'épisode dans un de ces paysages de Flandre qu'il peignait si volontiers.

Guérir le jour du sabbat

Désormais, les scribes et les pharisiens ne quittent plus Jésus d'un regard vigilant. S'il entre dans une synagogue, ils l'y suivent. Surtout si c'est un jour de *sabbat*.

Sabbat est un mot hébreu qui signifie « cesser ». A l'image de Dieu qui, dit la Bible, créa le monde en six jours et se reposa le septième, les Juifs *cessent* en effet de travailler un jour par semaine. A cette règle on ne tolère aucune exception. Interdit d'entreprendre ou de poursuivre aucun travail entre le vendredi soir – au coucher du soleil – et le samedi soir, également au coucher du soleil. Un Juif pieux se refusera même à allumer un feu, à préparer un repas. Il ne partira pas en voyage.

En revanche, aller à la synagogue le jour du sabbat est non seulement permis, mais recommandé. Jésus, en s'y rendant, ne fait qu'obéir à une loi qu'il observe depuis son enfance.

Comme à l'accoutumée, une foule nombreuse est venue l'écouter. Dans l'assistance s'est assis un homme dont la main est desséchée, recroquevillée sur elle-même. Il boit littéralement les paroles de Jésus. Depuis le début, les scribes et les pharisiens l'ont repéré. Va-t-il demander à Jésus sa guérison ? Et Jésus, *le jour du sabbat*, osera-t-il le guérir ?

Voilà. Le sermon est achevé. De lui-même, Jésus s'approche de l'homme à la main desséchée.

– Lève-toi, lui dit-il, et viens au milieu de tous.

L'homme obéit. Il est là, debout, qui attend. Jésus se tourne vers les pharisiens et les scribes :

– Je vous le demande : est-il permis, le jour du sabbat, de faire le bien plutôt que de faire le mal, de sauver une vie plutôt que de la perdre ?

En une autre occasion, pris à partie par des prêtres, il s'écriera :

– Hypocrites ! Est-ce que chacun de vous, le jour du sabbat, ne détache pas de la crèche son bœuf et son âne pour les mener à boire ?

Cette fois, il promène sur l'assistance un regard qui fait baisser les yeux des plus furieux. Il dit à l'homme :

– Étends ta main.

L'homme s'exécute. La main est redevenue souple et saine.

Comment ce nouveau miracle de Jésus n'aurait-il pas émerveillé ses fidèles ? Tous sont frappés par la force de son raisonnement. Mais les scribes et les pharisiens, dit Luc, « furent remplis de rage, *et ils se concertaient sur ce qu'ils pourraient bien faire à Jésus* ».

FILS DE DIEU

Dans son cachot de Machéronte, Jean-Baptiste attend. Dix mois déjà que la colère d'Hérode l'a jeté là. Dix mois que, chargé de chaînes, il contemple du même soupirail, douze cents mètres plus bas, le même paysage, grandiose, accablant, et qu'il aperçoit, perdu au fond de la monotonie des terres et des rocs, un morceau d'argent qui est la mer Morte.
Dix mois qu'il s'en remet à Dieu.
Dix mois aussi qu'il espère, qu'il s'inquiète : que devient donc Jésus ? A travers les murs d'une prison, les rares échos du dehors qui parviennent au captif sont toujours affaiblis. Quand l'un des disciples autorisé par Hérode se glisse auprès de lui, il est souvent incapable de répondre à l'interrogation qui obsède Jean-Baptiste : en cet homme, Jésus, il a cru reconnaître le Messie. Dix mois se sont écoulés : pourquoi l'extraordinaire nouvelle n'a-t-elle pas jailli à travers toute la Palestine ? Pourquoi l'éclatante lumière du Seigneur ne s'est-elle pas imposée à tous ? Pourquoi Hérode n'a-t-il pas été balayé ? Pourquoi les murs de sa propre prison ne se sont-ils pas effondrés ?
Josué, successeur de Moïse, avait fait s'abattre les murailles de Jéricho. Le Messie, investi par Dieu de toutes les puissances, ne peut-il agir de même ?
Au cours de l'été 28, Jean-Baptiste n'y a plus tenu : il a envoyé à Jésus deux de ses fidèles. Jésus les a vus arriver auprès de lui, en Galilée. Au nom du Baptiste, ils lui ont posé cette question angoissée :
– Es-tu celui qui doit venir ? Ou devons-nous en attendre un autre ?
Angoissée, oui, car elle marque l'affreux doute où est tombé Jean. Il ne sera pas le seul. Pour la plupart des Juifs, la venue du Messie devait s'accompagner d'actes visibles, palpables, irréfutables : l'image même de la majesté de Dieu. Nul n'eût été étonné de le voir paraître sur un char de feu, dans les nuées. Ou encore qu'il vienne s'asseoir sur un trône d'or sur le parvis du temple de Jérusalem. Depuis qu'il a baptisé Jésus, Jean-Baptiste n'a rien vu de pareil. D'où la question tragique :
– Devons-nous en attendre un autre ?
Jésus a écouté les envoyés. Et il leur a répondu :
– Allez rapporter à Jean ce que vous avez vu, ce que vous avez entendu : les aveugles voient, les boiteux marchent, les lépreux

Double page précédente :
LA FIN DE JEAN-BAPTISTE
Le dessin des pages précédentes nous montre Hérode (à droite), offrant, en sa forteresse de Machéronte, un festin. Salomé, sa belle-fille, obtient la tête de Jean-Baptiste que des gardes (à gauche) vont aussitôt décapiter dans son cachot. En haut, nous reconnaissons l'épisode de la multiplication des pains.

sont purifiés, les sourds entendent, les morts ressuscitent et les humbles reçoivent la Bonne Nouvelle !
Les fidèles de Jean-Baptiste lui ont apporté la réponse de Jésus. L'attente du Baptiste a recommencé.

Le festin d'Hérode

Or, au mois de mars 29, tout change au château de Machéronte. En quelques heures, le silence de la forteresse oubliée fait place aux mille bruits d'une cour royale peuplée de centaines de seigneurs, de serviteurs, de soldats. Hérode, abandonnant les délices de son palais de Tibériade, ville qu'il a édifiée en hommage à l'empereur romain Tibère, a décidé – on ne sait trop pourquoi – de venir passer quelques semaines dans la plus sauvage de ses résidences.

LE CHÂTEAU DE MACHÉRONTE
Ces ruines imposantes sont celles de Machéronte, telles que l'on peut les voir aujourd'hui. C'est là que Hérode possédait l'une de ses résidences. Là que Jean-Baptiste fut emprisonné et fut mis à mort.

Hérodiade, son épouse, toujours belle, toujours amoureuse, toujours jalouse, l'accompagne. Et aussi la fille qu'elle a eue de son premier mariage, Salomé. Cette mince et très jeune personne, treize ou quatorze ans, une beauté elle aussi, sait déjà parfaitement qu'elle plaît aux hommes. Autour de ce trio s'affairent ces « grands de la cour, officiers, notables de Galilée » dont parle l'Évangile.

HÉRODE ET HÉRODIADE
C'est à la fin du XVIe siècle que le peintre Francken a évoqué ainsi ces deux personnages.

De lourds chariots ont apporté jusque-là les meubles précieux, les somptueuses draperies, les tapis épais, la vaisselle d'or. Depuis Hérode le Grand, les princes de sa famille raffolent de luxe et de faste : on le sait jusqu'à Rome.

A peine s'est-on installé qu'Hérode annonce l'un de ces festins qu'il affectionne. Dans la plus grande salle du château on dispose les tables basses, les lits qui les environnent. Ce souverain juif ne jure que par les coutumes romaines. Chez lui, on mange donc couché : à la romaine. Avant de passer à table, on revêt une tunique sans manches, on se parfume d'huile de rose, on se couronne de fleurs et de feuillages.

Le repas a commencé. On apporte les viandes ruisselantes de graisse. On verse le vin épais dans les coupes. Très vite, le ton des conversations monte. Les cordes des harpes et des cithares répondent aux accents aigus des flûtes et des pipeaux. Tambourins et cymbales marquent le rythme.

Entre chaque plat, des danseuses à demi dévêtues virevoltent devant les convives. A la fin du repas, ce n'est plus une danseuse professionnelle qui paraît.

C'est Salomé.

La danse de Salomé

Page de droite :
LA DANSE DE SALOMÉ
Au palais de Machéronte, devant Hérode entouré de ses gardes et courtisans, la fille d'Hérodiade, Salomé, danse avec toute l'ardeur de sa jeunesse.

Il faut que vous vous la figuriez, Salomé, semblable à ces danseuses que l'on voit encore aujourd'hui en Jordanie ou en Syrie : très brune de cheveux, les épaules nues, la poitrine serrée dans un bandeau noir, le ventre nu, la taille entourée d'une large et longue étoffe.

Elle glisse d'abord sans hâte au rythme volontairement lent de l'orchestre. Progressivement, les instruments accélèrent leur cadence. De plus en plus vite, les tambourins. De plus en plus fort, les cymbales. Le son des flûtes devient suraigu. Frénétiquement, l'assistance claque des mains. Un passage de la Bible, dans le Cantique des Cantiques, évoque très exactement cela : « Tourne, tourne, afin que nous t'admirions ! »

Devenue comme une torche vivante, elle pivote sur elle-même, si vite qu'on ne distingue plus même son visage. L'orchestre s'arrête brusquement. Elle se fige enfin, immobile, épuisée, hors d'haleine. Comme les invités d'Hérode l'admirent, en effet !
Et Hérode plus encore que tous les autres !
A grands cris, le tétrarque appelle sa belle-fille auprès de lui. Il se lève, l'étreint. De sa vie, il n'a rien vu de pareil ! Elle a été admirable, merveilleuse, stupéfiante, géniale !
Cet enthousiasme – augmenté par les nombreuses coupes de vin qu'il a absorbées – est si éclatant que la jeune danseuse ne songe pas un instant à douter de la sincérité de son beau-père. Pourtant, elle n'en croit pas ses oreilles quand elle entend Hérode s'exclamer :
– Demande-moi ce que tu voudras et je te le donnerai !
Comme elle le regarde, interloquée, il se hâte de confirmer sa promesse :
– Quoi que tu me demandes, je te le donnerai, serait-ce la moitié de mon royaume !

JEAN-BAPTISTE MIS A MORT
Faute de connaître le nom de l'auteur de cette peinture, il est appelé le « Maître de l'œillet de Berne ». Que Jean-Baptiste soit mis à mort dans un cadre médiéval ne gênait aucunement ceux qui voyaient un tel tableau. Ils étaient habitués à ces conventions.

Il ajoute : « Je te le jure ! »
C'est donc vrai. Elle s'interroge : que peut-elle solliciter ? Elle hésite, aucune idée ne lui traverse l'esprit. La pensée lui vient de s'adresser à sa mère.

La vengeance d'Hérodiade

Hérodiade a assisté à la danse, elle a entendu Hérode crier son admiration à Salomé. Il n'est pas sûr qu'elle en ait conçu de la satisfaction. Elle déteste que son mari apprécie une autre femme, même si celle-ci est sa propre fille...
Le sourd ressentiment qui monte en elle se mêle tout à coup à cet autre, bien plus profond, que

parole de Dieu. Les graines tombées sur le chemin évoquent les gens qui ont écouté cette parole mais, parce qu'elle les dérange dans des habitudes commodes, refusent de l'écouter.
Les graines tombées en terrain rocheux? Elles font penser à ceux qui ont entendu la parole, mais qui n'ont pas voulu l'écouter. Elle glisse sans pénétrer en eux.
Les épines ? Ce sont les préoccupations de la vie auxquelles nous donnons trop de place : gagner plus d'argent, se faire bien voir de nos supérieurs, posséder une belle voiture. Ces épines-là étouffent la parole de Dieu.
Heureusement, la bonne terre existe. On la trouve chez les hommes qui croient en Dieu et en sa parole. Ils estiment que, sur cette terre, c'est là ce qui compte le plus. Le reste est secondaire. Ils vivront donc dans l'amour de Dieu.

Pourquoi les miracles ?

Jésus parle depuis des heures. Des malades s'avancent vers lui, implorants. Il les guérit. Est-ce seulement parce que sa bonté est infinie ? Sûrement, mais ces miracles* qu'il répète sans cesse ont une autre signification et celle-ci va beaucoup plus loin encore.

* voir encadré *Les miracles* page 108

Vous avez pu le constater : Jésus, depuis qu'il est entré dans la vie publique, s'est gardé de révéler sa véritable nature. Seule la Samaritaine a entendu l'aveu capital : « Je suis le Messie. » Même aux apôtres, il n'a rien confié de pareil. Si certains, comme Nathanaël, déclarent devant lui qu'il est le Messie, il se tait. Peut-être esquisse-t-il un certain sourire mais, s'il ne dit pas non, pas davantage il ne dit oui.
En fait, il a voulu que ce soient les hommes eux-mêmes qui découvrent d'où il vient, qui il est.
Les miracles doivent les y aider.
A mesure que les populations de Galilée contemplent les prodiges qu'il accomplit, un grand nombre se convainquent qu'un homme ordinaire en serait incapable.
Ceux qui accourent à lui ont entendu la rumeur qui, de plus en plus, se répand en Galilée : le Messie est parmi nous. Ils sont arrivés incrédules. Après avoir vu Jésus guérir, ils croient.

La multiplication des pains

Où en est-elle, cette foule qui a couru le long du lac à la rencontre de Jésus ? A la fatigue d'une marche de dix kilomètres s'ajoute la faim qui pince les estomacs.
Les apôtres viennent dire à Jésus :
– L'endroit est désert et l'heure du repas est déjà passée. Renvoie donc les foules afin qu'elles aillent dans les villages s'acheter de la nourriture.
Jésus secoue la tête :
– Pourquoi voulez-vous qu'elles agissent ainsi ? Vous n'avez qu'à leur donner à manger vous-mêmes.
Voilà des apôtres bien embarrassés. Avec quel argent pourraient-ils payer le pain de cinq mille personnes ? Philippe se livre à un rapide calcul :
– Seigneur, deux cents deniers ne suffiraient pas pour que chacun reçoive un morceau !
Deux cents deniers : une somme énorme pour l'époque. On n'en possède pas le premier sou. Que faire ? André, frère de Simon Pierre, survient. Il apporte une information :
– Il y a un jeune homme qui a cinq pains d'orge et deux poissons.
Mais, accablé, il ajoute :
– Qu'est-ce que cela pour tant de monde ?
Étonnant, le calme de Jésus. Il a écouté sans intervenir cet échange de paroles. Il se borne à dire :
– Faites-les asseoir.
Les apôtres se précipitent. Ils ont maintenant acquis une parfaite expérience du maniement des foules. Se partageant les rangs et les zones, ils ont vite fait d'obtenir que chacun soit assis dans l'herbe.
Jésus dit encore, parlant des cinq pains et des deux poissons :
– Apportez-les-moi ici.
Dès qu'il les voit devant lui, il lève les yeux au ciel, les bénit. Il prend les pains, les rompt et tend les morceaux aux apôtres qui passent dans les rangs pour que chacun reçoive sa part.

LA MULTIPLICATION DES PAINS
De façon naturellement très stylisée, l'auteur des miniatures des « Très Riches Heures du duc de Berry » a évoqué la multiplication des pains. On voit ici l'adolescent dont parle l'Évangile présenter deux poissons, cependant que son voisin tient dans les plis de sa tunique cinq pains d'orge.

A peine a-t-on distribué pains et poissons que d'autres paniers remplis jusqu'au bord circulent. Il semble qu'ils soient inépuisables. Tout cela avec deux poissons et cinq pains !
« Tous mangèrent et furent rassasiés, raconte l'apôtre Matthieu. Et l'on emporta le reste des morceaux : douze pleins couffins ! »
Imaginez-vous la stupeur de ces cinq mille personnes ? Elles étaient même bien davantage, car les Juifs avaient coutume de dénombrer à part les femmes et les enfants : « Cinq mille hommes, dit Matthieu, sans compter les femmes et les enfants. »
Imaginez-vous leur émotion, l'enthousiasme qui monte vers Jésus, l'amour qu'ils ressentent pour lui et bientôt la vénération ?

Pierre reconnaît le Fils de Dieu

A quelque temps de là – l'été de l'an 29 –, un jour que les apôtres, assis autour de Jésus, le questionnent sur son enseignement, il les interrompt. C'est lui qui, à son tour, veut poser des questions.
– D'après les gens qui vous parlent, qu'est-ce que le Fils de l'Homme ?
Un disciple répond :
– Certains affirment que c'est Jean-Baptiste.
Un autre :
– On dit aussi que c'est Élie.
Un autre encore :
– Ou bien Jérémie, ou quelqu'un des prophètes.
– Et pour vous, dit Jésus, qui suis-je ?
Sans la moindre hésitation, Simon Pierre répond :
– Tu es le Christ, le Fils du Dieu vivant !
Christ est un mot d'origine grecque qui veut dire *Messie*. On employait indistinctement l'un ou l'autre mot.
– Bien, Simon, dit Jésus. Tu es heureux d'avoir donné cette réponse. Ce n'est point la chair et le sang qui te l'ont dictée, mais mon Père qui est dans les cieux. Et moi, je te dis que tu es Pierre et que sur cette pierre je bâtirai mon Église !
Les apôtres ont enfin obtenu la réponse qu'ils attendaient. Les prophètes annonçaient depuis des siècles l'envoi par Dieu d'un Messie sur la terre. Il est venu, ce Messie.
Mais *c'est son propre fils que Dieu a donné aux hommes.*

LE CHRIST EST LE MESSIE

Bien avant la naissance de Jésus, les grands prophètes Isaïe, Jérémie, Ézéchiel et Daniel, et beaucoup d'autres encore jusqu'à Jean le Baptiste, annonçaient la venue du Messie, un descendant de David envoyé par Dieu pour établir la justice et la paix et restaurer le royaume d'Israël.

Messie vient d'un mot hébreu qui veut dire « celui qui a reçu l'onction », autrement dit : qui est envoyé en mission. C'est cette expression qui, traduite en grec par *khristo*, a donné *Christ*, nom donné à Jésus par tous ceux qui, à la suite de sa prédication, le considérèrent comme l'envoyé de Dieu.

INGRATE GALILEE

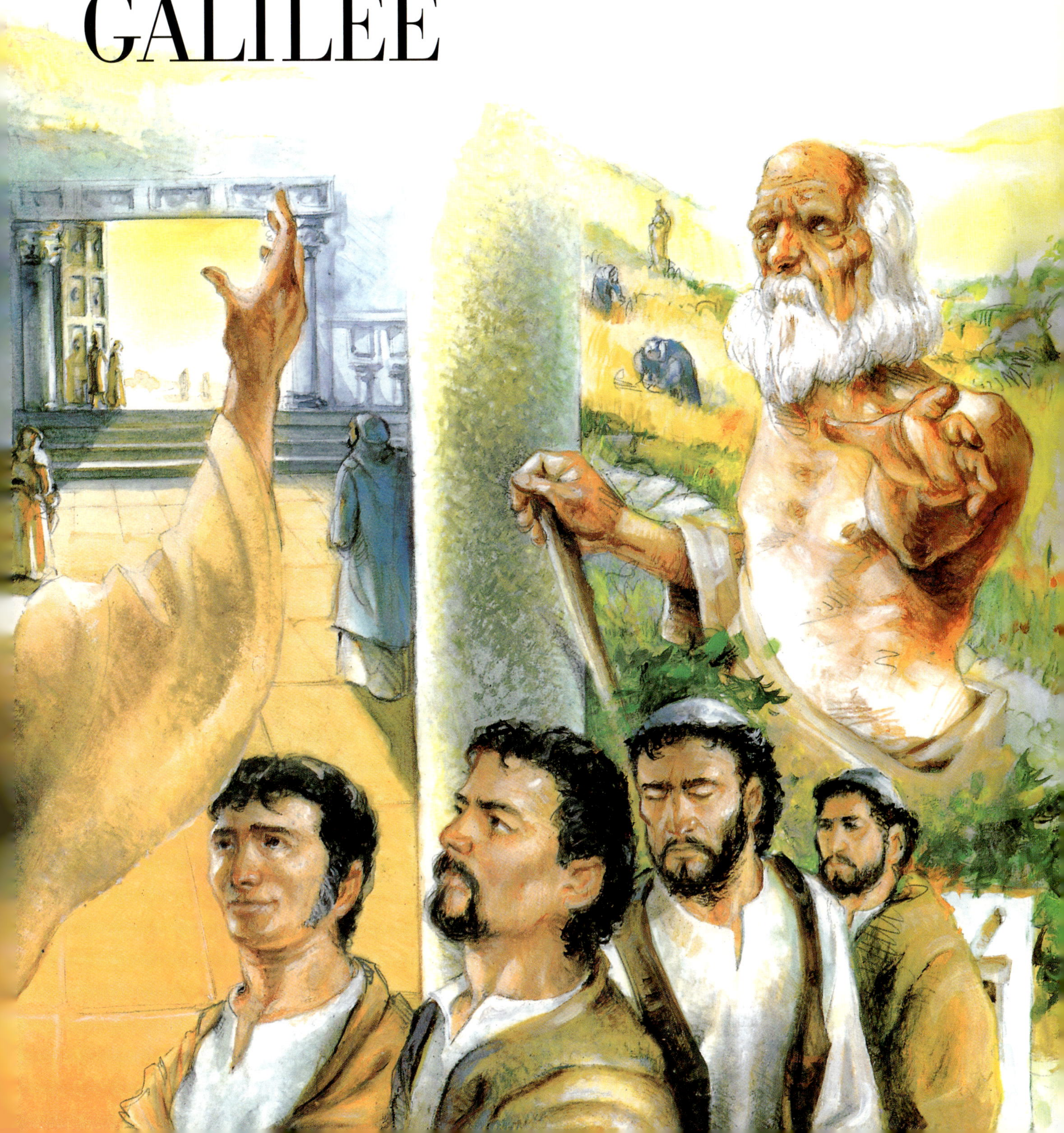

Double page précédente :
LE DÉPART POUR JÉRUSALEM
Ce dessin résume les épisodes que nous découvrirons dans ce chapitre : à droite, l'aveugle que guérira Jésus ; au centre, Jésus regardant la synagogue de Capharnaüm qu'ont désertée ses fidèles ; en haut, au centre, Jésus au mont Hermon et, à gauche, avec les enfants qu'il appelait à lui ; en dessous, l'apôtre Pierre, le questionneur ; en bas, à gauche, le départ pour Jérusalem.

Debout devant Jésus, l'aveugle attend. Sur son visage se devinent autant de crainte que d'espoir. Tout autour, les apôtres se sont figés, eux aussi dans l'attente.
Jésus mouille de sa propre salive les doigts de ses mains.
Lentement, il les pose sur les yeux clos de l'aveugle.
L'homme aux yeux morts tremble.
– Aperçois-tu quelque chose ? interroge Jésus.
Une phrase haletante sort des lèvres de l'aveugle :
– Je vois... je vois des formes... qui ressemblent à des arbres...
Une longue hésitation. Puis la surprise, l'émerveillement :
– Ces arbres marchent !
De nouveau, Jésus mouille de salive ses doigts. De nouveau, il pose ses mains sur les yeux de l'homme. Et les cris de joie que pousse celui-ci annoncent aux apôtres que le miracle, une fois de plus, s'est produit :
– Je vois ! Je vois ! crie l'homme.
Il clame qu'il va aller annoncer la nouvelle aux gens de son village. Jésus secoue la tête : ce n'est pas la peine. Seuls les apôtres, qui le connaissent si bien, pourraient discerner dans sa voix quelque lassitude.

– N'entre même pas dans le village, dit-il. Rentre chez toi.
Lui-même s'éloigne. Les apôtres le suivent en silence. Quelques personnes leur emboîtent le pas. Où sont les grandes foules qui naguère escortaient Jésus ?

Le chameau et le trou de l'aiguille

En vérité, les pharisiens ont bien mené leur combat. Partout ils ont dénoncé Jésus comme un ennemi de la vraie foi, comme un homme qui refuse la loi donnée par Dieu à Moïse, un *impie*.
Beaucoup de Juifs qui avaient cru en lui se sont éloignés. D'autres les ont imités, pour un motif différent : ils trouvent que Jésus est trop exigeant, qu'il propose à ses disciples des buts impossibles à atteindre, qu'il leur demande trop de sacrifices.
Parmi les derniers, s'est trouvé cet homme riche qui est pourtant accouru à sa rencontre et s'est agenouillé sur son passage. Il a interrogé Jésus :
– Que dois-je faire pour obtenir la vie éternelle ?
Jésus lui a répondu :
– Tu connais les commandements de Dieu : « Ne tue pas. Ne commets pas d'adultère. Ne vole pas. Ne mens pas. Ne fais de tort à personne. Honore ton père et ta mère. »
– J'observe tous ces commandements depuis toujours !
Jésus l'a regardé avec cette bienveillance extrême qui est pour lui un signe d'amour. Puis il a considéré les vêtements de grand prix, les sandales en cuir précieux de celui qui s'adressait à lui.
Sa voix s'est faite impérieuse :
– Il ne te manque qu'une chose pour obtenir la vie éternelle : va, vends tout ce que tu possèdes. L'argent que tu en tireras, donne-le aux pauvres. Le vrai trésor, tu l'auras alors dans le ciel. Puis viens et suis-moi.
L'homme, alors, a baissé la tête. Lentement, il s'est relevé. Il aimait Dieu mais il n'avait pas le courage de se séparer de ses richesses. Accablé de tristesse, il s'en est allé.
A l'intention de ses disciples, Jésus a commenté ce choix :
– Il est plus facile à un chameau de passer par le trou de l'aiguille qu'à un riche d'entrer dans le Royaume de Dieu !
Même les disciples ont trouvé cela exagéré. Entre eux, ils ont maugréé :
– Mais alors, qui peut être sauvé ?
La réponse de Jésus a jailli :

LA PISCINE DE SILOÉ
On peut toujours voir à Jérusalem cette fameuse piscine. On y descend par dix-huit marches jusqu'au niveau de l'eau d'un bassin long de quinze mètres. Quand Jésus a guéri un aveugle-né, il lui a ordonné : « Va te laver à la piscine de Siloé. »

Page de gauche :
DE LA SALIVE SUR LES YEUX
Jésus guérit l'aveugle qu'il a rencontré à Jéricho. Ce tableau a été peint au XVIIe siècle par un artiste de l'école génoise.

– Tout est possible pour Dieu !
Bien sûr, ils ont compris : Dieu peut sauver même les riches. Mais si le trouble occupe l'esprit des gens les plus proches de Jésus, qu'en sera-t-il pour ceux qui n'ont fait que l'entrevoir ? Pour ceux qui le connaissent à peine ?

Les premiers seront les derniers

Pierre marche à côté de Jésus. Il est songeur. La rencontre de ce riche et les paroles de Jésus l'ont frappé. Pierre, homme droit, enthousiaste, parfois violent, est connu des autres apôtres pour son franc-parler. Il se tourne tout à coup vers Jésus :
– Mais nous, nous avons tout laissé ! Et nous t'avons suivi !
Marchant toujours, Jésus répond :
– Beaucoup parmi les premiers seront les derniers et nombreux parmi les derniers seront les premiers.
Une affirmation qui ne saurait étonner Pierre. Sans cesse Jésus revient sur cette idée : Dieu accorde plus d'amour et de miséricorde aux pécheurs qui se repentent qu'aux hommes justes qui n'ont jamais péché. Parce que les pécheurs qui ont le courage de renoncer à leurs péchés ont plus de mérite que les autres.

Le retour de l'enfant prodigue

Pierre se souvient de la parabole contée un jour par Jésus, celle de « l'enfant prodigue » :
– Un homme avait deux fils. Le plus jeune dit à son père : « Père, donne-moi la part de fortune qui me revient. » Alors le père partagea son bien entre ses deux fils. Le plus jeune, emportant ce qui lui avait été donné, partit pour un pays lointain. Là, il dilapida son argent avec de mauvais hommes et de mauvaises femmes.
Pierre n'a pas oublié un mot de cette histoire. Lui-même aime la raconter. Les autres apôtres font de même. C'est ainsi que les paroles de Jésus se gravent dans les mémoires. C'est ainsi que, plus tard, elles pourront être écrites et que les évangiles seront rédigés.
Quand le fils prodigue – c'est-à-dire celui qui dépense sans mesure, follement – n'a plus gardé un sou en poche, il a été réduit à se faire gardien de cochons. Au comble de la honte et

de la douleur, il a fini, quoi qu'il pût lui en coûter, par se résoudre à regagner la maison paternelle.

– Il était encore loin, racontait Jésus, quand son père l'aperçut et fut pris de pitié. Il accourut vers lui, se jeta à son cou et le serra dans ses bras. Le fils répétait : « Père, j'ai péché contre le Ciel et envers toi, je ne mérite plus d'être appelé ton fils. » Mais le père appela ses serviteurs : « Vite, que l'on apporte la robe la plus belle et qu'on l'en revête !... Qu'on amène ici le veau gras et qu'on le tue ! Mangeons-le et festoyons ! »

Pierre se souvient de la fureur manifestée par le fils aîné quand il a surgi au milieu de la fête, de sa jalousie quand il a comparé le traitement accordé à son frère avec celui que son père lui a réservé, à lui qui l'a toujours respecté, qui est resté à la maison, qui a travaillé durement sans rien demander.

C'est la réponse du père à ce fils en colère qui a éclairé Pierre sur le sens de la parabole :

– Toi mon fils, je t'ai toujours trouvé près de moi, bien vivant. Ce qui est à moi est à toi. Mais ton frère que voici était mort et il est revenu à la vie. Je l'avais perdu et je l'ai retrouvé. Ne fallait-il pas festoyer et se réjouir ?

En se remémorant cette parabole – et beaucoup d'autres semblables –, l'âme de l'apôtre se remplit d'allégresse. Comment douter que la bonté de Dieu soit infinie ? Comment ne pas être assuré que là se situe sans doute l'essentiel du message de Jésus : tous les hommes, s'ils prennent conscience des fautes accomplies, si

« TON FRÈRE ÉTAIT MORT ET IL EST REVENU À LA VIE »
Cette évocation du retour de l'enfant prodigue est due au pinceau du peintre italien Domenico Fetti. Il la situe tout naturellement dans un palais de son temps. La ferme dont parle l'Évangile devait être bien plus simple et à l'opposé de ce luxueux décor.

leur cœur, jusque-là fermé à l'amour, s'ouvre, ceux-là seront accueillis par Dieu comme ses enfants les plus aimés.
C'est ainsi que *les derniers deviendront les premiers.*

Le Fils de l'Homme doit beaucoup souffrir

L'été de l'an 29 s'avance. Avec le mois d'août sont venues ces chaleurs accablantes qui rendent si pénibles les travaux des champs. Les paysans se lèvent avant l'aube et, quand le soleil culmine en haut de l'horizon, rentrent chez eux chercher l'ombre et un peu de fraîcheur.
Parcourir les chemins au sein de cette fournaise devient une véritable épreuve. Pourtant, Jésus continue d'aller de ville en village. Il quitte même la Galilée, gagne la Phénicie – l'actuel Liban –, visite la région de Tyr. On le voit autour de Césarée de Philippe. Il parle toujours dans les synagogues. Comment ne

AUTOUR DE CÉSARÉE
L'un des fils d'Hérode, Philippe, a baptisé Césarée l'ancienne ville de Panias, cela en souvenir de César Auguste. Pour que cette ville ne soit pas confondue avec le port qui portait le même nom, on a fini par l'appeler Césarée de Philippe. Le paysage ci-dessous est celui qui entourait la ville.

s'apercevrait-il pas cependant que ses auditoires sont moins nombreux qu'avant ? Bien des gens l'aiment et l'admirent encore. Mais Jésus sait que, de jour en jour, le nombre de ses ennemis s'accroît.
Les apôtres remarquent que son langage s'en ressent. Certains de ses propos sont plus durs, plus douloureux aussi. Pour la première fois il va parler de sa mort. Que d'attention, soudain, chez les apôtres ! Comme ils l'écoutent !
– Le Fils de l'Homme devra traverser de grandes souffrances, dit-il. Les Anciens, les grands prêtres et les scribes le rejetteront. On le mettra à mort. Après trois jours, il ressuscitera.
Pierre, mécontent, élève la voix :
– A Dieu ne plaise, Seigneur ! Cela ne t'arrivera pas !
C'est au tour de Jésus de se fâcher. Il va jusqu'à appeler Pierre : Satan, du nom du prince des démons.
– Arrière, Satan ! Tes pensées ne sont pas celles de Dieu, mais celles des hommes !
Il veut dire par là que, si Pierre peut redouter la mort d'un homme – celle qui nous frappe tous –, il devrait savoir que le Fils de Dieu, lui, ne mourra jamais. Même si des bourreaux tuent son corps.

Le pain de vie

Une fois de plus, Jésus est entré dans la synagogue de Capharnaüm. Il prêche, s'adressant aussi bien à ses amis qu'à ses ennemis. Stupéfaits, les uns et les autres l'entendent parler du pain de Dieu, « celui qui donne la vie au monde » et qui apporte aussi « la vie éternelle ».
Les yeux s'écarquillent. Comment un morceau de pain pourrait-il faire vivre éternellement ? Il explique encore :
– Le pain du Ciel, ce n'est pas cette manne que Moïse vous donna !
Ils s'accrochent à ce détail : pas un d'entre eux n'ignore l'épisode que raconte la Bible, cette nourriture providentielle tombée du ciel – la *manne* – alors que les Juifs affamés traversaient le désert du Sinaï après leur sortie d'Égypte. Mais si le pain du Ciel dont parle Jésus n'est pas la manne, qu'est-ce donc ?
– Ce pain, poursuit Jésus, c'est le pain qui vient du Père, celui qui descend du ciel et donne au monde la vie.

Quelques-uns commencent à comprendre, parce qu'ils sont – eux – plus affamés de connaître Dieu que de rassasier leur estomac. Ils supplient Jésus :

– Seigneur, donne-nous toujours de ce pain !

Comme il est grave, tout à coup ! On sent que chacune des paroles qu'il va prononcer doit se révéler d'une importance capitale. Écoutez-les, ces paroles, comme les ont entendues les Juifs de Capharnaüm :

– Je suis le pain de vie. Celui qui vient à moi n'aura jamais faim. Celui qui croit en moi n'aura jamais soif. C'est la volonté de mon Père que celui qui voit le Fils et croit en lui ait la vie éternelle : je le ressusciterai au dernier jour !

Jamais Jésus ne s'est exprimé ainsi. D'un seul élan, il vient de découvrir sa vraie nature et de proclamer le sens de sa mission. Nombre de ceux qui l'entendent se sentent émus jusqu'au fond de l'âme. Mais les pharisiens présents – ils ne relâchent pas leur hostilité, croyez-le bien – sont furieux. Cette fois, l'homme de Nazareth est allé au-delà du scandale.

On ricane, on se moque, on se force à rire. Mais Jésus, en détachant les mots, ajoute :

– Car je suis descendu du ciel non pas pour faire ma propre volonté, mais la volonté de celui qui m'a envoyé...

Ainsi, pour la première fois, Jésus annonce en public qu'il est *descendu du ciel*. Essayez de vous mettre à la place de ces gens qui emplissent la synagogue de Capharnaüm. Imaginez ce qu'ils peuvent éprouver en écoutant une affirmation aussi extraordinaire.

Scandale à Capharnaüm

Parmi ceux qui ont entendu cela, il y a l'un des apôtres, Jean. C'est en témoin qu'il rapportera plus tard cet épisode. Il se souviendra des « murmures » – c'est le mot qu'il emploie – qui se sont élevés dans la synagogue. Il rappellera que certains se sont récriés :

– C'est ce Jésus qui dit cela ? Le fils de Joseph ? Ce Jésus dont nous connaissons le père et la mère ? Comment peut-il prétendre qu'il est descendu du ciel ?

Jésus méprise autant les murmures que les faux raisonnements. D'une voix plus forte, il répète :

– Je suis le pain de vie, descendu du ciel ! Celui qui mangera ce pain vivra éternellement !
Ici, l'apôtre Jean se souviendra que, dans la synagogue, on s'est mis à discuter ferme.
– Comment cet homme-là peut-il vouloir que nous mangions sa chair ?
La voix de Jésus martèle les phrases, les mots :
– Car ma chair est vraiment une nourriture, et mon sang vraiment une boisson... De même que le Père m'a envoyé et que je vis par le Père, de même celui qui mangera ma chair vivra par moi !
A la veille de sa mort, Jésus partagera du pain entre ses disciples en leur disant : « Ceci est mon corps. » Il leur fera boire du vin en disant : « Ceci est mon sang. » Alors, Jean comprendra que, dans la synagogue de Capharnaüm, c'est cela que Jésus a annoncé. Il veut que ceux qui lui sont fidèles restent en *communion* avec lui, mangeant ce pain devenu sa chair, buvant ce vin devenu son sang.
C'est ce que les chrétiens font depuis deux mille ans en célébrant l'*eucharistie*. Un mot d'origine grecque qui signifie : action de grâces. C'est-à-dire un témoignage de reconnaissance, un remerciement.

Une synagogue devant le lac

Dans l'évangile que Jean a rédigé, cette scène de la synagogue de Capharnaüm occupe plusieurs pages. Preuve de l'importance qu'il lui attribue.
Vous vous rendrez peut-être un jour à Capharnaüm. J'ai eu moi-même cette chance. Une vedette, louée à Tibériade, m'a laissé sur cette rive que foula Jésus. D'abord je fus déçu : on ne voit plus rien de cette ville que les évangiles dépeignent avec tant de précision, voire de pittoresque. Ce petit bois d'eucalyptus, là, est-ce donc tout ce qui reste ?

LE SITE DE CAPHARNAÜM
Cette photographie aérienne permet de bien situer, sur le lac de Tibériade, le site de Capharnaüm. Au centre, on aperçoit distinctement les ruines de la synagogue. Elle est plus récente que celle qu'a connue Jésus, mais l'on peut supposer que les vestiges de celle-ci se trouvent sous les ruines qui subsistent aujourd'hui.

Je me suis approché. J'ai découvert un mur d'enceinte, une entrée, un guichet : au-delà, quelle surprise ! Voici des colonnes, une cour entourée de portiques, un chapiteau, des murs faits de ce calcaire royal qui était alors le matériau le plus prisé d'Israël. J'ai gravi quelques marches. J'ai accédé à ce qui subsiste de ce lieu précieux entre tous : la salle des prières. Celle de la synagogue de Capharnaüm.

Tout me revenait en mémoire. J'imaginais Jésus prêchant là pour la première fois, annonçant la Bonne Nouvelle et puis, de mois en mois, encourant les critiques, les reproches, jusqu'à la haine de ceux qui répudiaient son enseignement, qui en refusaient la nouveauté, les exigences.

Des disciples qui désertent

Les archéologues nous disent que ces ruines sont celles d'une synagogue édifiée bien après la mort de Jésus. Nous n'avons pas le droit d'en douter. Mais l'actuelle cathédrale Notre-Dame, à Paris, et la basilique de Saint-Pierre, à Rome, ont été construites au-dessus d'édifices religieux plus anciens. Ne restons-nous pas libres de penser que la synagogue de Capharnaüm a pu prendre la place de celle où prêcha Jésus ? Des fouilles pratiquées à cet endroit semblent l'indiquer.

Page de droite :
LE MONT HERMON
Il s'élève à la frontière de la Syrie et du Liban. L'hiver, la neige couvre son sommet et ses flancs. Lorsqu'elle fond au printemps, elle gonfle les eaux du Jourdain. Le sommet de l'Hermon atteint 2 800 mètres.

Pour ma part, je veux admettre que c'est là, après le discours sur le « pain de vie », que Jean a entendu monter la protestation des disciples de Jésus :

– Comme ces paroles sont dures ! Qui pourrait les écouter ?

Jean écrit encore : « Dès lors, un grand nombre de ses disciples se retirèrent. Ils ne revinrent plus l'entendre et ne le suivirent plus. »

Ne les voyez-vous pas avec moi, ces hommes et ces femmes qui tournent le dos à Jésus ? En silence – peut-être la tête basse, car nul n'aime à se renier – ils sortent de la synagogue.

Les trois nefs de la salle des prières sont maintenant presque vides, le rez-de-chaussée où se trouvaient les hommes, la galerie supérieure où les femmes prenaient place. Avec Jésus, ne demeurent plus que les Douze. Ce qui domine, entre ces colonnes et ces murs blancs, c'est la tristesse.

Sentez-vous ce qu'il y a de déchirant dans la question que Jésus adresse alors à ses apôtres :

– Et vous, vous voulez aussi partir ?
Un silence. Trop pesant. Et Pierre, qui ne cache jamais sa pensée, ose enfin répondre. Sa voix est lourde de mélancolie, mais affermie de certitude :
– Seigneur, où veux-tu que nous allions ? A qui d'autre donnerions-nous notre foi ? Tu détiens les paroles de la vie éternelle. Nous croyons en toi, nous !
A ces mots, je veux croire que la face douloureuse de Jésus s'est éclairée.

L'ascension du mont Hermon

Cette montagne dont Jésus, suivi seulement de Pierre, Jacques et Jean, gravit les flancs escarpés s'appelle le mont Hermon. Plantée à la frontière actuelle de la Syrie et du Liban, elle joue un grand rôle dans l'existence quotidienne des hommes de la région : ce sont ses neiges qui, en fondant, alimentent le Jourdain, fleuve de vie par excellence. Il est vrai que l'Hermon se hisse jusqu'à deux mille huit cents mètres, altitude respectable pour le pays.
Pourquoi cette ascension ? Pourquoi Jésus a-t-il décidé d'emmener jusque-là ses trois disciples ?
Nous pouvons y voir une conséquence de la désertion de ces fidèles qui, quelques jours plus tôt, ont abandonné Jésus. La foi et la fidélité d'apôtres solides – eux – comme le roc leur méritaient une récompense : celle-ci va prendre la forme du plus fantastique des privilèges.
Elle est rude, l'ascension[1]. Il faut au moins six heures pour rejoindre le sommet. On l'atteint enfin, le souffle court. Quelle vue magnifique ! D'un seul regard, on embrasse la Galilée presque entière. Au loin, voici le désert de Syrie. On devine même les côtes de Phénicie. Ici le pays juif. Là-bas le domaine des gentils.
Épuisés, Pierre, Jacques et Jean se sont laissés tomber sur le sol. A peine ont-ils le temps de voir Jésus s'agenouiller et entrer en prière que leurs yeux se ferment. Tous les trois, ils sombrent dans un profond sommeil.

1. Les évangiles ne désignent pas expressément le mont Hermon. Ils parlent seulement d'une montagne. Ce sont les historiens qui, en lisant attentivement les textes, ont estimé que l'on pouvait en déduire qu'il s'agissait du mont Hermon. D'autres cependant veulent croire que cet épisode célèbre s'est déroulé sur le mont Thabor. (Voir page 155).

Jésus se transfigure

Combien de temps ont-ils dormi ? La seule chose dont ils soient sûrs, c'est qu'ils se sont éveillés ensemble. Tous les trois. Ce qu'ils découvrent à ce moment précis, c'est un spectacle qui marquera leur vie entière. Ils se voient plongés tout à coup dans l'inexplicable, baignés dans une splendeur mystérieuse, enveloppés par une lumière surnaturelle.

Là, sous leurs yeux, ils aperçoivent un Jésus tel que jamais ils ne l'ont vu. Pour comprendre ce qu'ils ont ressenti, feuilletons ensemble les évangiles. Marc : « Et il (Jésus) fut transfiguré devant eux et ses vêtements s'imprégnèrent d'une telle blancheur qu'aucun ouvrier, aucune machine n'aurait pu les blanchir de cette sorte. » Luc : « Et, cependant qu'il priait, il advint que son visage, tel qu'ils le voyaient, devint totalement différent, et son vêtement s'imprégna d'une blancheur fulgurante. » Matthieu : « Et il fut transfiguré devant eux : son visage se mit à resplendir comme le soleil, et ses vêtements devinrent blancs comme la lumière. »

« UNE BLANCHEUR FULGURANTE... » Comment ne pas comprendre la stupeur et le trouble des trois apôtres, tirés soudainement de leur sommeil et qui aperçoivent, dans l'extraordinaire lumière blanche qui le baigne, un autre Jésus ?

Des tentes pour Moïse et Élie

LA TRANSFIGURATION
Le peintre Giovanni Bellini, qui vécut aux XVe et XVIe siècles, a restitué ce célèbre épisode. L'aspect fantastique de la scène a inspiré beaucoup d'autres artistes, notamment Fra Angelico.

Donc, deux impressions dominantes : le visage de Jésus est devenu tout autre – c'est ce que veut dire *transfiguré* – et ses vêtements se sont mis à rayonner d'une blancheur extraordinaire.
Alors – mais seulement alors – Pierre, Jacques et Jean constatent que Jésus n'est plus seul. Il converse avec deux hommes qu'ils ne connaissent pas. Ils l'entendent les appeler Moïse et Élie.
Moïse ! Élie ! Les deux plus grands prophètes de l'histoire des Juifs ! Bien sûr, à l'époque de Jésus, il existe beaucoup de Juifs qui se prénomment ainsi. Les apôtres ne veulent même pas songer que ces inconnus pourraient être des passants porteurs de ces noms. Aucun des trois n'a le moindre doute : ceux qui s'entretiennent avec Jésus ne peuvent être que les prophètes eux-mêmes, descendus du Ciel pour retrouver le Messie.
D'évidence, Jacques et Jean ne savent plus où ils en sont. Pierre encore moins. Quand on lit les évangiles, on les devine vacillants, hors d'eux-mêmes. La première crainte passée, c'est un grand bonheur qu'ils ressentent. Pierre réagit le premier. Il s'élance vers Jésus et crie :
– Maître, notre joie est grande d'être ici ! Dressons trois tentes, l'une pour toi, l'autre pour Moïse, la troisième pour Élie !
Réaction pour le moins inattendue ! En fait, l'évangéliste Luc exprime non sans humour la réalité : « Il ne savait ce qu'il disait. »

Une voix tombe des cieux

Mais voici que tout s'assombrit autour d'eux. La montagne s'enveloppe d'un nuage si épais – l'Évangile appelle cela une *nuée* – que la lumière du jour s'en trouve presque complètement obscurcie. Pierre, Jacques et Jean se figent, littéralement pétrifiés par la peur.
Une voix traverse la nuée, une voix qui dit :
– *Celui-ci est mon Fils bien-aimé. Écoutez-le.*

LE MONT THABOR
Sur cette photographie, on peut voir le chemin qui serpente jusqu'au sommet. Selon certains auteurs, c'est sur le mont Thabor qu'aurait eu lieu la Transfiguration de Jésus.

Lentement, le nuage glisse sur le sommet du mont Hermon. Il s'éloigne. La lumière du jour l'emporte sur l'obscurité. Les rayons du soleil réchauffent de nouveau les pentes et les vallées. Savent-ils seulement où ils en sont, les trois apôtres? Ils écarquillent les yeux. Où sont donc Moïse et Élie? Devant eux, agenouillé dans l'herbe rase, il n'y a plus que Jésus. Pareil à ce qu'il a toujours été, la peau brûlée par le soleil, sa tunique décolorée par tant de journées au grand air et de nuits à la belle étoile, ses sandales usées par tant de marches.

Jésus s'est levé. Il invite les apôtres à le suivre. Ils mettent leurs pas dans les siens. N'obéissent-ils pas toujours, ces hommes de la fidélité?

Sur le chemin du retour, Jésus n'évoquera ce qui s'est déroulé sur la montagne que pour leur intimer un ordre : il leur ordonne de ne raconter à personne ce qu'ils ont vu. Ils pourront seulement le faire lorsqu'il sera « ressuscité d'entre les morts ».

Ils se tairont donc. Tout en s'interrogeant entre eux : que peut bien signifier *ressusciter d'entre les morts*?

Qui est le plus grand ?

Jésus a retrouvé la plaine. De nouveau les gens viennent à lui, lui présentent des malades. Un père de famille l'aborde, son fils est atteint d'une maladie nerveuse, il l'a conduit aux apôtres, mais ceux-ci n'ont pu le guérir.
Une brève colère durcit le visage de Jésus :
– Engeance incrédule et perverse, s'écrie-t-il, combien de temps serai-je avec toi ! Combien de temps aurai-je à te supporter !
Il fait venir le jeune malade, lui impose les mains. Sur-le-champ, l'enfant est guéri. Contrariés, les apôtres interrogent leur Maître :
– Pourquoi n'avons-nous pu le guérir, nous autres ?
– Parce que vous n'avez pas assez de foi !
Un peu plus tard, les disciples le questionnent encore :
– Qui est le plus grand dans le Royaume des Cieux ?
Il aperçoit un enfant parmi ceux qui l'entourent, l'appelle à lui, l'entoure de son bras :
– En vérité, je vous le dis, si vous ne devenez pas semblables à ce petit enfant, vous n'entrerez point dans le Royaume des Cieux !
Il ajoute que celui qui saura se faire petit comme un enfant, celui-là sera le plus grand dans le Royaume des Cieux.
Il s'avance en Galilée, reprend le chemin de Capharnaüm. A ses disciples, deux fois de suite, il reparle de sa mort. Toujours dans les mêmes termes, avec les mêmes précisions :

SUR LES BORDS DU JOURDAIN
Lorsque Jésus descend de Galilée en Judée, il traverse des sites pareils à celui-ci, près de Beth Shéan, le long de la route qui, longeant le Jourdain, permet de joindre le lac de Tibériade à Jéricho et Jérusalem.

– Le Fils de l'Homme sera livré aux grands prêtres et aux scribes. Ils le condamneront à mort. Ils le remettront aux païens. Il sera bafoué, on crachera sur lui, on le flagellera. Ils le tueront. Et, après trois jours, il ressuscitera...

Les reproches de Jésus

Quand il retrouve son décor familier, celui de Capharnaüm, celui de Bethsaïde, comment ne sentirait-il pas grandir en lui l'amertume des abandons qu'il a subis ? C'est là qu'il a le plus souvent prodigué son enseignement, là qu'il a multiplié les miracles. Pourquoi aujourd'hui ces gens ne veulent-ils plus croire en lui ? Il ne se contente pas d'en souffrir, il en veut à ces incrédules. Il leur a proposé le salut et ils l'ont refusé. Ses apôtres l'entendent proférer des reproches si durs qu'ils en restent étonnés :
– Malheur à toi, Bethsaïde ! Car si les miracles qui ont été faits dans tes murs avaient eu lieu à Tyr et à Sidon[1], il y a longtemps qu'elles auraient fait pénitence !
Ceux de Capharnaüm vont avoir droit aux paroles les plus sévères :
– Et toi, Capharnaüm, qui crois t'élever jusqu'au ciel, tu seras abaissée jusqu'aux enfers !

Mourir à Jérusalem

Jusque-là, Jésus n'a pas encore prêché en Judée. Quelquefois, pour une fête – la Pâque ou une autre –, il a pris le chemin de Jérusalem. Il lui est même arrivé d'affronter au Temple les docteurs de la Loi. Leur accueil méprisant, leur hostilité évidente lui ont démontré que, le jour où il voudra prêcher en Judée la Bonne Nouvelle, il s'exposera là-bas à une opposition féroce des prêtres et des pharisiens. Plus encore : une haine implacable. Les gens de Judée chercheront « à le tuer » : c'est Jean qui l'écrit. Tout lui indique pourtant qu'il n'a plus rien à attendre de la Galilée. Sa décision est prise : c'est en Judée qu'il se rendra maintenant. Quoi qu'il puisse lui arriver. Ou plutôt : à cause de ce qu'il sait qu'il lui arrivera.
Croyez-vous que ce soit par hasard qu'il ait, au cours des dernières semaines, annoncé trois fois que l'heure approchait où il serait livré et mis à mort ?

1. Des villes païennes.

LA JÉRUSALEM DE DAVID
Les vestiges de la très ancienne cité ont été dégagés au cours de fouilles méticuleuses dont les plus récentes datent de 1961-1967 et 1978-1985. Ils sont les traces visibles de la magnificence de Jérusalem au temps de David.

Cette mort, il est exclu dans son esprit qu'elle puisse survenir ailleurs que dans la ville fondée par David où, depuis l'origine, se proclame l'alliance de Dieu avec le peuple élu. Cette ville que chantaient et pleuraient les Juifs exilés à Babylone : « Si jamais je t'oublie, ô Jérusalem, que ma main droite se paralyse, que ma langue s'attache à mon palais ! »

Si vous éprouviez quelque doute quant aux raisons de son départ, il vous suffirait d'ouvrir l'évangile de Luc pour être convaincu : « Quand les jours où Jésus devait être enlevé du monde furent près de s'accomplir, il prit la décision d'aller à Jérusalem. »

Une famille perfide

Rien ne démontre avec plus de force l'abandon où il se trouve qu'une démarche de sa propre famille. Elle semble avoir été nombreuse. Des oncles, des tantes, des neveux, des cousins, ceux que l'Évangile appelle ses « frères ». Or, à cette époque, ces frères-là viennent vers lui. Ils lui tiennent ce langage :

– Pars d'ici ! Passe en Judée, afin que tes disciples voient ce que tu es capable de faire !

En hommes qui se sentent eux-mêmes diminués par la perte d'influence de Jésus en Galilée, ils manifestent clairement l'exaspération où ils se trouvent :
– A quoi bon agir dans le secret, quand on veut être connu ? Si vraiment tu fais ces choses-là, montre-toi !
La vérité, c'est Jean, l'apôtre le plus proche de Jésus, le témoin de tout cela, qui nous la livre : « Même ses frères ne croyaient pas en lui. »
Une constatation qui serre le cœur.

Le grand départ

Jésus regarde partir ces parents dont il pensait être aimé. Ils lui ont crié qu'ils s'en allaient à Jérusalem – eux ! Nous n'avons pas de peine à imaginer le ton persifleur, grinçant, mauvais, sur lequel cela a été dit.
Jésus sait fort bien où ils se rendent : à cette grande fête juive que l'on appelle *fête des Tentes*. Chaque année, le 15 octobre, elle rassemble à Jérusalem des foules que l'on ne peut comparer en nombre à celles de la Pâque, mais néanmoins considérables. Pendant une semaine, on célèbre cet épisode de l'histoire juive, fameux entre tous : l'arrivée au désert des Hébreux arrachés par Moïse à leur esclavage égyptien. Dans ce désert où ils avaient dressé leurs tentes.
Rien de plus original, de plus pittoresque que cette fête : durant huit jours, la règle est, pour tout Juif, de quitter son habitation et d'aller – comme les ancêtres – vivre sous la tente ou, à la rigueur, dans des cabanes faites de branches et de feuilles. A Jérusalem, on les dresse sur les places, autour du Temple, voire sur les terrasses des maisons ou encore sur les collines des environs.
Jésus médite. Puis il fait connaître sa décision aux apôtres : qu'on se mette en marche sans tarder ! Il veut lui aussi assister à la fête des Tentes. Beaucoup de prêtres, de docteurs, de scribes seront réunis à Jérusalem.
Il les affrontera.

UN HIVER EN JUDEE

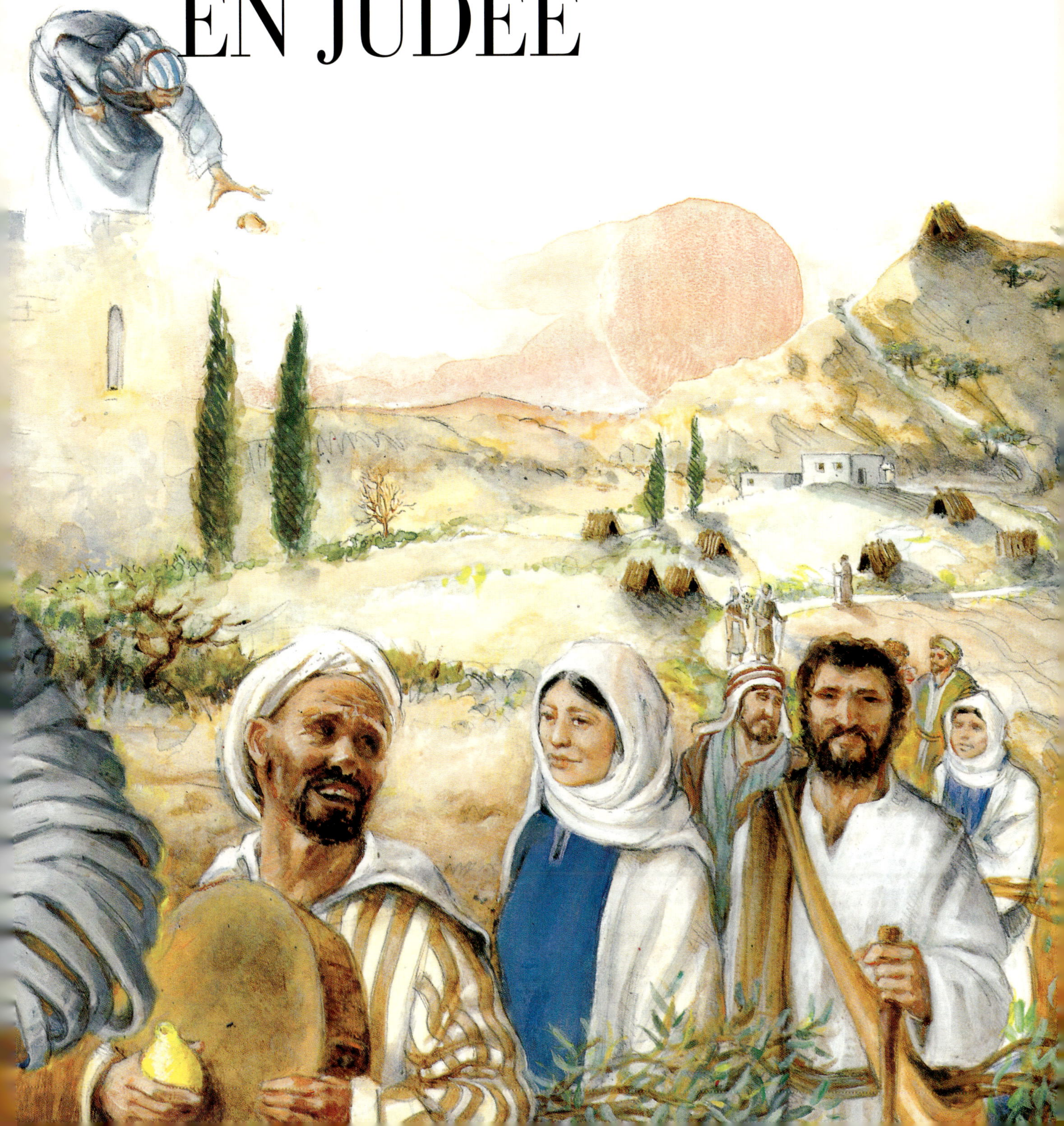

La hutte, Jésus l'a édifiée sur le mont des Oliviers : en face de Jérusalem qui, dans sa gloire, s'étale à ses pieds. Les apôtres l'ont imité. Ils rejoignent pour y dormir ces fragiles constructions où se mêlent branches de pin, rameaux et feuilles de palmier.

Dès l'aube, Jésus et les siens descendent à Jérusalem pour entendre les quatre sonneries de trompettes d'argent qui, chaque matin, inaugurent les cérémonies de la journée. Ils se mêlent à la procession qui s'achemine vers le Temple. Ils brandissent, dans la main droite, des rameaux fraîchement cueillis et, dans la main gauche, un cédrat, c'est-à-dire l'un de ces énormes citrons que l'on importe alors de Perse. Cela pour obéir à Moïse qui avait ordonné : « Vous prendrez du fruit de beaux arbres, des palmes, des rameaux feuillus, du saule de rivière, et vous vous réjouirez devant le Seigneur. »

Le soir, perdus parmi les fidèles, Jésus et les apôtres peuvent considérer le Temple illuminé, l'extraordinaire image des deux candélabres hauts de cinquante coudées – vingt mètres, la hauteur d'un immeuble de sept étages ! – projetant vers le ciel des flammes qui se tordent, cependant que cent mille voix récitent ensemble les prières et que des milliers de torches changent la nuit en jour.

A l'arrivée de Jésus à Jérusalem, on en était déjà à la moitié de la fête. Il s'y est mêlé, ne se distinguant en rien de tous ces Juifs

Double page précédente :
RETOUR À JÉRUSALEM
Le sujet central du grand dessin est évidemment la résurrection de Lazare que nous voyons au centre, à peine sorti du tombeau, encore entouré de ses bandelettes. Plus haut, on remarque une évocation des pharisiens menaçant de lapider Jésus. Le reste du dessin s'ordonne autour de la fête des Tentes à laquelle Jésus est venu assister : à droite, la procession s'achemine vers le Temple de Jérusalem ; à gauche, la foule s'avance autour des deux énormes candélabres hauts de 20 mètres, cependant que sonnent les trompettes d'argent et que les prêtres, en haut, appellent les fidèles à la prière.

pieux, anonyme perdu parmi les anonymes. Nul ne le reconnaît car, à Jérusalem, seuls quelques dizaines d'hommes et de femmes l'ont déjà rencontré.
Il n'a fallu pourtant que quelques heures pour que la nouvelle se propage dans la ville et le Temple :
– Jésus de Nazareth est à Jérusalem !

Rumeurs sur Jésus

Si, dans la ville de David, on ignore son visage, on sait déjà beaucoup de choses sur lui. De la Galilée à Jérusalem, le mouvement ne cesse jamais.
Les voyageurs se comptent chaque mois par milliers.
Il y a maintenant un an et demi que Jésus a entrepris son enseignement. Un an et demi qu'il multiplie les miracles. Chaque Galiléen venant en Judée ne manque pas de faire allusion à cet homme exceptionnel qui réunit autour de lui des foules immenses, rend la vue aux aveugles, fait se lever les paralytiques, ressuscite les morts et commande aux éléments.
« Qui peut bien être ce Jésus ? » Telle est la question, à Jérusalem, que l'on trouve sur toutes les lèvres.
L'apôtre Jean qui – ne l'oubliez pas – accompagne Jésus lors de la fête des Tentes s'est souvenu de l'état d'esprit qui régnait

JÉRUSALEM VU DU MONT DES OLIVIERS
C'est probablement pour la vue magnifique que l'on a sur la ville de Jérusalem que Jésus a décidé d'installer sa hutte à cet endroit. Aujourd'hui, on peut voir la tour d'Hérode et les anciennes fortifications, ainsi que le dôme du Rocher et l'église du Saint-Sépulcre.

alors à propos de Jésus. On sait qu'il est là. On se demande où il a construit sa hutte. Viendra-t-il au Temple ? Participera-t-il aux cérémonies ? « Les Juifs le cherchaient durant la fête... Des rumeurs parcouraient la foule à son sujet. C'est un homme de bien, disaient les uns. Non, répondaient les autres, il trompe le peuple. »

Ceux qui le critiquent, ceux qui l'accusent, ce sont naturellement les pharisiens. Ils reprennent à leur compte les reproches que formulaient leurs frères de Galilée : ce Jésus ne se plie pas à la loi de Moïse. Il lui arrive de ne pas jeûner et de ne pas respecter le sabbat. Il traite de la même façon les Juifs et les païens, il accueille avec bonté les publicains et même les femmes de mauvaise vie.

LA TOUR DE LA CITADELLE
Cette grande tour de la citadelle de Jérusalem, que l'on peut toujours voir aujourd'hui, date du temps d'Hérode. Au sud de cette tour s'élevait le palais du roi, appelé Antonia par Hérode en l'honneur du conquérant romain Marc Antoine. Ce palais était, selon l'historien juif Flavius Josèphe, d'une magnificence sans égale et d'un luxe inouï. Devenu résidence du gouverneur romain, c'est là que Pilate interrogea Jésus.

Jésus se fait connaître au Temple

Les interrogations vont prendre fin dès lors que Jésus paraît au Temple. Tranquillement, comme s'il avait fait cela toute sa vie, il va s'asseoir à la place où officient les prêtres.

A peine a-t-il prononcé quelques phrases que le silence s'établit. Impossible de l'entendre sans se sentir frappé par un langage jamais employé jusque-là en ce lieu. Mais aussi par tout ce qu'il enseigne, tout ce qu'il annonce.

Un nom court dans la foule comme un frémissement : *Jésus ! C'est Jésus !* Les prêtres et les scribes, eux-mêmes, prêtent l'oreille et s'étonnent :

– Comment connaît-il si bien les Écritures, lui qui n'a pas étudié dans les écoles ?

Rien ne le trouble. Il poursuit, la voix assurée, les yeux éclairés de certitude :

– Ma doctrine n'est pas de moi, mais de celui qui m'envoie !

Et tout à coup il tonne :

– Moïse ne vous a-t-il pas donné la Loi ? Pourquoi aucun d'entre vous ne la pratique-t-il, cette Loi ?

Son regard cherche celui des prêtres et des scribes. Il rencontre d'abord de l'embarras, puis de la colère.

Il tend vers eux un doigt vengeur :

– Pourquoi voulez-vous me tuer ?

Il ne reste plus, dans la salle du Temple, que Jésus et la femme adultère, prostrée à ses pieds.
Jésus s'est levé.
– Femme, dit-il, où sont ceux qui t'accusaient ? En est-il un seul qui t'ait condamnée ?
Peut-être l'esquisse d'un sourire est-elle apparue sur ce visage baigné de larmes :
– Personne, Seigneur.
Alors, Jésus :
– Moi non plus je ne te condamne pas.
Il passe près d'elle. Dans les yeux de la femme se lit une reconnaissance éperdue. Aussi la certitude qu'elle ne retombera pas dans ses fautes.
– Va, ajoute Jésus. Et ne pèche plus.
Un geste d'adieu. Il s'éloigne.

Mort à l'impie !

A la sortie, des pharisiens l'attendent. Pour eux, Jésus vient de dépasser toutes les limites permises. On l'entoure, on le bouscule, on l'interpelle :
– N'avons-nous pas raison de dire qu'il y a un démon en toi ?
Non seulement il ne montre aucune peur mais on le voit se redresser, enveloppé d'une soudaine et magnifique noblesse. Sa voix s'élève, forte, presque solennelle :
– Il n'y a pas de démon en moi, mais j'honore mon Père et, vous, vous cherchez à me déshonorer !... En vérité, en vérité, je vous le dis, si quelqu'un se souvient de ma parole, il ne verra jamais la mort !
Outrés, les pharisiens grondent :

JÉSUS ET LES PHARISIENS
Le peintre vénitien Lorenzo Lotto vivait au XVIe siècle. Dans ce détail du tableau évoquant la rencontre de Jésus avec la femme adultère, ce sont les visages des accusateurs qui sont les plus frappants. A la fois ébahis et indignés, ils contrastent avec le regard paisible du Christ.

– Maintenant, nous savons la vérité : c'est toi qui es un démon ! Es-tu plus grand qu'Abraham, notre père ? Il est mort. Les prophètes aussi sont morts. Et toi, que prétends-tu être ?
La réponse les frappe de plein fouet :
– C'est mon Père qui me glorifie, lui dont vous dites : « Il est notre Dieu. » Et vous ne le connaissez pas, mais moi je le connais ! Et si je disais que je ne le connais pas, je serais comme vous, un menteur ! Abraham, votre père, quand il a su que je viendrais, a tressailli de joie. Maintenant il le voit et il exulte.
Ces pharisiens n'en peuvent plus. Les uns se taisent, atterrés. D'autres se laissent aller à un désespoir spectaculaire. Les plus lucides lancent à Jésus un argument qu'ils croient décisif :
– Tu n'as pas cinquante ans et tu aurais vu Abraham !
La voix de Jésus devient si ample, si forte qu'elle couvre tout ce tumulte :
– En vérité, en vérité, je vous le dis, avant qu'Abraham existât, j'existais !
C'en est trop. Ces pierres dont ils n'ont pu écraser la femme, ils s'en saisissent pour les jeter sur l'impie, sur le traître à la loi de Moïse.
Est-ce le moment où Jésus va subir cette mort sous les coups des bourreaux qu'il annonçait en Galilée à ses disciples ? Non. Son heure n'est pas venue.
« Jésus, dit Jean, se déroba et sortit du Temple. »

Béthanie s'interroge

Sur la route de Jéricho, à une heure de marche de Jérusalem, pourquoi tant d'émotion dans cette bourgade paisible, perdue au milieu des oliviers et des figuiers, qui a nom Béthanie ?
Des gens sortent de chez eux, courent pour mieux apercevoir ce petit groupe d'hommes – dix, douze ? – qui vient de pénétrer dans le village. D'une maison à l'autre on manifeste la même surprise, la même excitation. On entend répéter le même nom :
– Jésus de Nazareth !
Depuis la fin de la fête des Tentes, ceux du village qui sont revenus de Jérusalem ne font que crier ce nom. Ils ont entendu Jésus prêcher au Temple et sont revenus, les uns pleins d'admi-

ration, les autres se posant bien des questions. Beaucoup pensent que Jésus est un prophète.
Un prophète ! Pour ces villageois imprégnés de la lecture de la Bible, un prophète doit nécessairement se présenter comme un

L'OASIS DE JÉRICHO
C'est dans ces lieux que se passa l'un des plus célèbres épisodes de la Bible, celui de Josué, au XIIIe siècle avant Jésus-Christ : sous son commandement, après avoir accompli sept fois le tour de la ville qu'ils assiégeaient en jouant de la trompette, les israélites virent les murs s'écrouler devant eux. L'archéologie confirme que la ville fut détruite et reconstruite plusieurs fois.

personnage superbe, à la démarche quasi royale, à l'allure impérieuse et dominatrice : un être hors du commun.
Déception : au sein de ce petit groupe qui déambule devant eux, les habitants de Béthanie découvrent qu'ils sont bien incapables d'identifier ce fameux Jésus ! Ces hommes se ressemblent plus ou moins, ils portent des vêtements identiques, aussi pauvres les uns que les autres. Leur maintien à tous est celui de la modestie, de la simplicité. Lequel est Jésus ?
Tout à coup, l'un de ceux qui sont allés à Jérusalem le reconnaît, le montre du doigt. Incroyable : au milieu des autres, c'est Jésus qui paraît le plus doux, le plus humble ! Ainsi s'est-il dépeint un jour : « Sachez, a-t-il dit, que je suis fait d'humilité et de douceur. »
Telle est en effet l'impression première que reçoivent ces gens. S'ils croisent le regard de Jésus, tout change : rares sont ceux qui ne subissent pas le choc que relatent si bien les évangiles. Quel contraste ! Voilà un homme si simple que nul ne songerait à se retourner sur son passage, mais à peine a-t-on porté les yeux vers lui que l'on se sent incompréhensiblement attiré, retenu, captivé...

Lazare, Marthe et Marie

Jésus s'arrête devant une maison, il frappe à la porte. Une femme ouvre, son visage s'illumine de joie :
– Jésus !
Une autre femme puis un homme la rejoignent. Et ce sont des cris, des exclamations :
– Jésus !
Comme il paraît heureux, le fils de Marie, de tant d'amitié vraie ! Il entre.
Cette maison est celle de Lazare et de ses sœurs, Marthe et Marie. Tous les trois, dès qu'ils ont connu Jésus, ont cru en lui. Ils lui ont voué une fidélité et une affection sans limites.
A plusieurs reprises, en octobre, novembre et décembre de l'an 29, Jésus va s'arrêter chez eux et demeurer quelques jours dans cette maison amie. Toujours accueilli avec le même bonheur, la même spontanéité.
Sachez que, de la part de Lazare et de ses sœurs, il faut, à cette époque, un réel courage pour abriter un homme que le Sanhé-

drin et les pharisiens poursuivent de leur haine. A Béthanie, comme partout en Palestine, non seulement les pharisiens dénoncent l'imposteur Jésus mais ils menacent des pires châtiments ceux qui s'avouent ses disciples. A plus forte raison ceux qui l'accueillent. Lazare et ses sœurs affrontent cela avec un calme magnifique, une force d'âme qui impose le respect.

La meilleure part

La demeure de Lazare et de ses sœurs est vraiment celle de l'amitié. Une scène familière, racontée par Luc, nous en apporte la preuve.

Jésus vient d'arriver chez ses amis. Marthe se précipite pour préparer sa chambre, briquer les meubles, disposer les couvertures de son lit : nous sommes en hiver et, en Judée, souvent le froid est vif. Marthe court à la cuisine préparer le bon repas que l'on doit à tout invité, et plus encore quand il s'agit de Jésus. Bref, elle n'en finit pas de s'agiter.

Pendant ce temps, sa sœur Marie s'est assise aux pieds de Jésus. Immobile, attentive, elle l'écoute. Elle ne fait rien d'autre : écouter.

Marthe va, vient, passe, jette chaque fois un regard noir à sa sœur. A la fin, elle ne se contient plus et – je lui suppose les deux mains plantées sur les hanches – elle interpelle Jésus :

– Seigneur, te rends-tu compte que ma sœur me laisse seule m'occuper du ménage ? Dis-lui au moins de m'aider !

J'imagine ici que Marthe devient toute rouge. Mais je suis sûr de voir sur le visage de Jésus un sourire, tandis qu'il répond :

– Marthe, Marthe, tu t'agites, tu t'inquiètes de beaucoup de choses. Faut-il que tu en fasses autant ? Une seule suffirait peut-être. Marie a choisi la meilleure part...

Cette scène, comprenez-le, prend un sens précis : l'important, pour un être humain, c'est de gagner son salut éternel. Les petites affaires du monde, même si elles ne doivent pas être négligées, ne représentent rien comparées à l'éternité.

Ce jour-là, chez Lazare, Jésus fait comprendre à Marthe que ce salut, c'est auprès de lui qu'on doit le chercher. De lui, le Fils de Dieu.

Entre la haine et l'amour

Tout au long de cet hiver-là, Jésus va fouler les routes et les chemins de Judée. Il reviendra quelque temps en Galilée, passera même en Transjordanie. D'évidence, c'est à la Judée qu'il accorde la priorité.

En Judée comme naguère en Galilée, Jésus va rassembler les mêmes foules avides, émues jusqu'au plus profond de l'âme et du cœur, criant leur foi et leur ferveur. Derrière lui se profile la haine grandissante des autorités. Autour de lui se lève l'amour du peuple. De nouveau il guérit les malades. Des centaines d'hommes et de femmes l'escortent le long des routes. On lui présente des enfants pour qu'il les bénisse. Il les aime. Un jour que les apôtres veulent écarter des enfants trop bruyants qui courent autour de lui, il ordonne :

– Laissez venir à moi les petits enfants !

Sur son passage, une femme crie :

– Béni soit le sein qui t'a nourri !

Il répond :

– Heureux ceux qui écoutent et observent la parole de Dieu.

Dès qu'il s'arrête, dès que la foule l'entoure, il conte des paraboles, comme celle – la plus célèbre peut-être – du Bon Samaritain.

LES PETITS ENFANTS
Le peintre Robert Fleury a choisi un épisode souvent évoqué de la vie de Jésus. Alors que des gens bien intentionnés voulaient éloigner de Jésus les enfants qui se bousculaient pour le voir, celui-ci s'est au contraire exclamé : « Laissez venir à moi les petits enfants ! »

Le Bon Samaritain

LA PARABOLE DU BON SAMARITAIN
Ce vitrail de l'église anglaise de Saint-Margaret et Saint-Andrew, à Littlehom, illustre cette parabole. Nous voyons le Samaritain verser de l'huile sur les plaies du voyageur dépouillé de ses vêtements par les brigands. En arrière-plan, le cheval sur lequel cet homme secourable va emporter le malheureux blessé.

La scène se passe sur la route de Jérusalem à Jéricho. Ceux qui écoutent Jésus la connaissent bien. La distance n'est pas longue, trente-cinq kilomètres environ, une petite journée de marche, mais, pour aller de la première ville à la seconde, il faut descendre sans cesse – une dénivellation de mille mètres –, il faut traverser un désert, cheminer au fond de rochers abrupts, de couleur rouge sang. Tout cela se révèle parfaitement sinistre. Très vite, l'angoisse gagne le voyageur. Dites-vous bien qu'elle est justifiée.

Derrière les rochers se dissimulent trop souvent des brigands. Dès qu'ils aperçoivent un voyageur dont les bagages laissent supposer un butin appréciable, ils s'élancent, le rouent de coups et l'abandonnent dépouillé de tout.

C'est précisément l'histoire que raconte Jésus. La façon dont on l'écoute prouve qu'elle sonne vrai !

Là, sur le bord de la route, un voyageur baigne dans son sang. Les fameux brigands, avant de lui dérober tout son bien, l'ont lardé de coups de couteau.

Des voyageurs passent. Un prêtre d'abord. Va-t-il s'arrêter devant ce blessé ? Non. Il passe son chemin. Voici un lévite, un de ces religieux qui aident, au Temple, les prêtres à assurer leur service. Le blessé tend vers lui des bras suppliants. Le lévite passe sans un geste, sans une parole de pitié. Vous vous étonnez : est-ce possible, une telle indifférence, une telle dureté de cœur ?

Question : n'avez-vous jamais regardé à la télévision ces images désolantes où l'on voit, devant une voiture accidentée, devant des blessés épars sur le bas-côté de la route, des dizaines de voitures passer sans s'arrêter, en affichant une indifférence qui n'a rien à envier à celle de ce prêtre et de ce lévite ?

Jésus poursuit son récit : un troisième voyageur passe. C'est un Samaritain. Inutile, je pense, de vous rappeler ce que sont les Samaritains aux yeux des Juifs ! Or celui-ci s'arrête.

– Ému, il s'approcha, raconte Jésus, il versa de l'huile et du vin sur les plaies, il les banda. Puis il chargea le blessé sur sa propre monture, le conduisit jusqu'à l'hôtellerie la plus proche et prit soin de lui...
Dans sa compassion, le Samaritain va même laisser de l'argent à l'aubergiste pour couvrir les frais du séjour du blessé jusqu'à ce que celui-ci soit en état de continuer son voyage.
A ce point de l'histoire, Jésus, face à l'assistance, lance cette question :
– Lequel des trois s'est montré le *prochain* du blessé ?
Ici « prochain » veut dire fraternel. Et la foule, d'une seule voix, répond :
– Le Samaritain.
Souvenez-vous : pour les Juifs, un Samaritain ne saurait être le prochain de quiconque. Une fois de plus, Jésus proclame qu'aucun homme ne peut être exclu de l'amour de Dieu. Tous les hommes sont frères, tous sont des *prochains*. A chaque être humain nous devons la même assistance, la même charité.

Les nouveaux envoyés

Autour de Jésus, de jour en jour, les foules se gonflent. Comme dans les premiers temps de la prédication en Galilée. De partout on l'appelle. « La moisson était devenue grande, dit l'Évangile, et il fallait augmenter le nombre des ouvriers. »
Envoyer ses apôtres à ces hommes et ces femmes assoiffés de sa parole ? Impossible. Ils lui sont indispensables. Alors, parmi ces nouveaux disciples qui l'entourent, il va en choisir quelques dizaines – soixante-douze, précise Luc – qui parcourront le pays et non seulement feront connaître ses faits et ses gestes, entendre ses paraboles devenues familières, mais lanceront en son nom cet immense appel à l'amour qui imprègne tout son enseignement.
A ces « apôtres en second », il donne pouvoir de pardonner les péchés et de guérir les malades.
Régulièrement, au cours des mois qui suivent, ils viendront lui rendre compte de leur mission. Il les voit surgir ahuris, stupéfaits, eux-mêmes incrédules quant aux pouvoirs qu'ils ont pu exercer : eux aussi convertissent, eux aussi guérissent !
Tout joyeux, ils s'exclament :

– Seigneur, même les démons nous sont soumis en ton nom !
Jésus les écoute. Pourquoi paraissent-ils si étonnés ? Ne savent-ils pas que désormais « leurs noms sont inscrits dans le ciel » ? Il s'écrie :
– Toutes choses m'ont été données par mon Père ! Personne ne sait ce qu'est le Fils, si ce n'est le Père ! Et personne ne sait ce qu'est le Père, si ce n'est le Fils, et celui à qui le Fils veut bien le révéler !

Seigneur, apprends-nous à prier

Les foules sont maintenant encore plus nombreuses, encore plus impatientes : Luc parle de milliers de gens qui, pour entendre Jésus, se bousculent jusqu'à s'étouffer. Pour entrer en prière, Jésus doit se retirer en des lieux soigneusement tenus secrets. Seuls ses apôtres l'y suivent.

« APPRENDS-NOUS À PRIER »
Quand les apôtres demandent à Jésus de leur apprendre à prier, ce sont les paroles du « Notre Père » qu'il leur dicte (voir page suivante). Il donne ainsi son élan à tous ceux qui, depuis deux mille ans, répètent cette prière à travers le monde. Ici, le peintre Taunay représente une messe en plein air au cours de laquelle les fidèles prient comme le leur a enseigné Jésus.

Il vient de se recueillir, longuement, lorsque l'un des disciples ose lui adresser cette demande :
– Seigneur, apprends-nous à prier...
Imaginez-le avec moi, Jésus, au flanc de quelque colline – d'anciennes traditions parlent de l'une des pentes du mont des Oliviers –, loin de tout lieu habité, cerné par les odeurs fortes de la campagne de Judée, par le bruit du vent dans les arbres, par le chant des cigales, méditant les yeux clos, avant d'apporter la réponse guettée avidement par les Douze.
Enfin, il parle. Et voici ce qu'il propose :
– Lorsque vous priez, dites : « Notre Père qui es aux cieux, que ton nom soit sanctifié, que ton règne vienne. Que ta volonté soit faite, sur la terre comme au ciel. Donne-nous aujourd'hui notre pain de ce jour. Pardonne-nous nos péchés comme nous pardonnons aussi à ceux qui nous ont offensés. Et ne nous soumets pas à la tentation, mais délivre-nous du mal. »
Ces paroles de Jésus, Matthieu et Luc en ont chacun rapporté une partie. C'est en unissant les textes de l'un et de l'autre que les Églises chrétiennes ont adopté la prière qui est dite chaque jour, à travers le monde, par des millions d'hommes, de femmes, d'enfants.

Es-tu le Messie ?

Il fait froid quand Jésus, en décembre, franchit de nouveau la porte du Temple de Jérusalem. Tous ceux qui le rencontrent sont frappés par l'air de détermination qu'ils lisent sur son visage. Comment en serait-il autrement ?
Il n'ignore rien des pensées de ceux qui règnent sur ce Temple : selon eux, il met en péril leur influence ; il contredit leur enseignement ; son incroyable succès auprès des foules les exaspère. Ils sont définitivement résolus à se débarrasser de lui.
Ils ne se posent qu'une question à cet égard, mais elle est sans appel : *Quand ?*
Pour avoir choisi d'affronter ces ennemis devenus implacables, il faut vraiment que Jésus soit sans peur, qu'il se soit cuirassé l'âme.
S'il est venu, c'est parce que l'on célèbre comme chaque année, en mémoire de la victoire sur les Grecs d'un héros juif, Judas

Maccabée, une autre grande fête, celle des Dédicaces. De nouveau, les fidèles emplissent le Temple.
Il va et vient sous les portiques. On le reconnaît, on fait cercle autour de lui. Il suscite une curiosité plus ardente encore que lors de la fête des Tentes. L'interrogation confine à l'angoisse. On le presse de questions :
– Combien de temps encore nous tiendras-tu en suspens ? Si tu es le Christ, dis-le !
Dans sa réponse, ne sentez-vous pas comme moi de l'impatience ?
– Je vous l'ai dit, mais vous ne me croyez pas !
Je suis sûr qu'il martèle ses mots quand il s'écrie :
– Ce que mon Père m'a donné est supérieur à tout le reste et personne ne peut le ravir de la main de mon Père ; or, mon Père et moi, nous ne sommes qu'un !
Ainsi, dans le Temple même, haut lieu de la religion juive, Jésus vient de proclamer que le Père et lui-même sont un seul et même Dieu.
Prenez-y bien garde : ces paroles que vous venez de lire sont parmi les plus importantes que Jésus ait prononcées. *Depuis deux mille ans, elles sont à l'origine de la foi des chrétiens.*

*LA FLAMME,
SYMBOLE DE LA FOI
C'est à partir du message de Jésus et des paroles transmises par ses disciples que s'est ancrée, à travers le monde, la foi des chrétiens.*

Guerre à Jésus

A peine a-t-il proféré une telle affirmation que, des rangs des prêtres et des pharisiens, monte un cri de colère. Certains ramassent des pierres pour lapider Jésus. Il les foudroie du regard et, ces pierres, ils n'osent les lancer. Il leur demande :
– Vous connaissez de moi quantité de bonnes œuvres qui viennent du Père. Pour laquelle voulez-vous me lapider ?
Les autres grondent :
– Ce n'est pas pour une bonne œuvre ! Mais pour un blasphème ! Toi, qui n'es qu'un homme, tu te fais Dieu !
– Eh bien, croyez en ces œuvres et reconnaissez une bonne fois que le Père est en moi et moi dans le Père.
C'en est trop ! Ils veulent s'emparer de lui, mais il les repousse, il leur échappe. Il pourra quitter le Temple sain et sauf. Ce jour-là, il n'existe plus une seule personne au Temple qui n'en soit convaincue : la guerre déclarée à Jésus va entrer dans sa phase finale.

Prêtres et pharisiens n'ont le choix qu'entre deux solutions : se soumettre à Jésus ou frapper. Or ils ne se soumettront pas.

Lazare en danger de mort !

Est-ce sous la pression des apôtres terrorisés par la menace qu'ils sentent grandir ? Est-ce parce que, voyant l'heure venir, il tient à revivre ce bonheur suprême qu'il a éprouvé lors de sa rencontre avec Jean-Baptiste ? Jésus s'est éloigné de Jérusalem, il a franchi le Jourdain et, ayant gagné le lieu où Jean baptisait, il s'est installé dans ce pays que l'on appelle la Pérée*.

* Voir la carte page 105

Là, comme partout, il attire les foules. « Beaucoup vinrent à lui », dit l'apôtre Jean. Ces gens, logiquement, vivent dans le souvenir du Baptiste. Comment n'associeraient-ils pas le prophète martyr à ce Jésus auquel il a ouvert la voie ?
– Jean n'a fait aucun miracle, disent-ils. Mais tout ce qu'il a dit de celui-ci était vrai !
C'est là, en Pérée, où il demeure quelque temps, qu'il énonce l'adage appelé à devenir fameux :
– Efforcez-vous d'entrer par la porte étroite !
Là encore, à la source de son aventure humaine, il puise les forces qui lui seront nécessaires pour affronter le destin qui l'attend. Il reprend la route. On le voit sur les plateaux transjordaniens aussi bien que dans le bas pays. Et puis s'annonce le printemps de l'année 30.
Un jour, à l'étape, les apôtres voient

BÉTHANIE
Aujourd'hui, le village où Jésus ressuscita Lazare est glorifié par plusieurs édifices religieux élevés autour des restes d'une tour médiévale : l'église Saint-Lazare et l'église orthodoxe grecque voisinent avec le minaret de la mosquée.

approcher un homme qui arrive de Béthanie. De la part de Marthe et Marie, il apporte une triste nouvelle :
– Seigneur, ton ami est malade.

Dans la gueule du loup

Qui ne verrait là un appel ? C'est ainsi que l'entendent les apôtres. Jésus, lui, ne semble pas le comprendre. Deux jours plus tard seulement, il donne le signal du départ.
Là-bas, à Béthanie, Lazare vient de mourir.
Les apôtres, quand ils ont su que l'on marchait vers Jérusalem, ont poussé les hauts cris :
– Seigneur, il n'y a pas si longtemps que les Juifs voulaient te lapider et voilà que tu veux retourner chez eux !
Pour toute réponse, Jésus dit seulement :
– Notre ami Lazare dort. Mais je me mets en route pour le réveiller.
Les apôtres savent bien que, dans de tels cas, il leur est impossible de faire entendre raison à Jésus. Ils se résignent. Thomas, l'un des Douze, est si sûr que Jésus marche à la mort qu'il s'écrie :
– Retournons en Judée, nous aussi. Pour mourir avec lui.

THOMAS
Cette fresque, peinte en Turquie au XIIe siècle, représente l'apôtre Thomas. En marchant vers Jérusalem avec Jésus, il pensait faire le sacrifice de sa propre vie. Plus tard, son incrédulité quant à la résurrection de Jésus assurera paradoxalement sa renommée.

Miracle à Béthanie

Les premières maisons de Béthanie se profilent devant Jésus et les apôtres. Dans les rues, beaucoup de monde. Dès l'annonce de la mort de Lazare, des amis nombreux sont accourus de Jérusalem, si proche, pour présenter à Marthe et Marie leurs condoléances.
Il y a maintenant quatre jours que l'infortuné a été mis au tombeau.
Jésus ralentit sa marche. Comme il est ému ! Et voici qu'une femme s'avance vers lui : c'est Marthe.
– Seigneur, lui dit-elle, si tu avais été présent, mon frère ne serait pas mort. Mais, maintenant encore, je sais que tout ce que tu demanderas à Dieu, il te l'accordera.
La voix de Jésus est si altérée qu'il a peine à lui répondre :
– Ton frère ressuscitera...

– Je sais, rétorque vivement Marthe, je sais qu'il ressuscitera le dernier jour, lors de la Résurrection des morts.
Que de tendresse sur le visage de Jésus !
– Je suis la Résurrection et la Vie. Celui qui croit en moi, fût-il mort, vivra, et quiconque vit et croit en moi ne mourra jamais. Le crois-tu ?
– Oui, Seigneur. Je crois que tu es le Christ, le Fils de Dieu, celui qui devait venir en ce monde !
Elle le quitte, se hâte vers sa demeure pour avertir Marie :
– Le Maître est là ! Il te réclame.
Marie se jette hors de la maison, court vers Jésus, tombe à genoux devant lui.
– Si tu avais été ici, il ne serait pas mort !
Elle ne peut retenir ses larmes. L'instant est si poignant que tous ceux qui la voient pleurent avec elle. Et Jésus – Jean s'en souviendra toujours – « frémit en son esprit et se troubla ».
– Où l'avez-vous mis ? demande-t-il.
– Seigneur, viens et vois.
Alors, à son tour, Jésus pleure. Ses larmes, si rares, si exceptionnelles, bouleversent les apôtres, les habitants de Béthanie, tous les gens présents. On chuchote :
– Voyez comme il l'aimait !

« ROULEZ LA PIERRE... »
Le tombeau où le cadavre de Lazare avait été déposé depuis quatre jours devait ressembler à celui que montre cette photographie. Pour obturer l'entrée de la cavité creusée dans le roc, on roulait devant elle une énorme pierre en forme de meule. Il en sera de même pour le tombeau où, au soir du vendredi saint, Jésus sera conduit.

Ôtez la pierre, dit Jésus

Il suit Marie jusqu'au tombeau. Il s'agit, selon l'usage des Juifs, d'une chambre creusée dans le roc.
Pour en fermer l'entrée, on roule devant celle-ci une pierre ronde qui ressemble à une énorme meule.
– Ôtez la pierre, dit Jésus.
Marthe s'alarme :
– Seigneur, il sent déjà, il y a quatre jours qu'il est là !

LA RÉSURRECTION DE LAZARE
Cet événement très connu a inspiré le peintre italien Morazzone (XVIIe siècle). Comme tant d'autres, il ne s'est pas embarrassé de vérité historique, voulant ignorer par exemple que les tombeaux juifs n'étaient pas creusés dans le sol mais au flanc des collines et qu'on les fermait de grosses pierres (comme on peut le voir page de gauche).

– Marthe, ne t'ai-je pas annoncé que, si tu avais la foi, tu verrais la gloire de Dieu ?
Confondue, Marthe donne l'ordre d'ôter la pierre. Lourdement, celle-ci, poussée par plusieurs hommes, roule, glisse sur le côté et dévoile l'entrée, béante et noire.

Jésus lève les yeux vers le ciel, entre en prière. Puis il s'écrie « d'une voix forte » :
– Lazare, sors !
Et voici que le mort sort, encore tout entouré de bandelettes, son suaire autour de la tête.
– Déliez-le, dit Jésus, et laissez-le aller !
Jésus ne s'attardera pas. Il laissera à leur bonheur le ressuscité, Marthe et Marie. Ses amis.

Libérez-nous des Romains !

La Pâque est proche.
En quittant Béthanie, Jésus va remonter vers le nord, à Éphraïm. Partout l'accompagne l'écho retentissant de la résurrection de Lazare. Partout les foules accourent à lui.
Sachez que cet enthousiasme recouvre des sentiments contradictoires. Certes, il y a là des gens pleins de foi, soucieux de leur salut éternel. Mais il y a les autres, tous les autres, pour qui l'occupation romaine représente un joug de plus en plus pesant, une humiliation de plus en plus insupportable.
Pour ces derniers, un homme qui a été capable de ressusciter un mort déjà puant, celui-là, s'il le veut, peut anéantir toutes les armées du monde. Beaucoup de ceux qui acclament Jésus attendent d'être délivrés du mal, bien sûr, mais aussi d'être libérés par lui des Romains !
Quand, sur l'ordre de Jésus, on rebrousse chemin, quand on redescend vers la Ville des Villes, c'est un cortège dévoré d'inquiétude qui escorte Jésus. Comment comprendraient-ils, ces apôtres, le sens d'une telle audace, d'une telle témérité ?
Comment pourraient-ils imaginer que Jésus, lui, *sait* qu'il doit mourir à Jérusalem ?

Le parfum de Marie

Il faut traverser de nouveau Béthanie.
A l'entrée du village, un homme s'avance en qui Jésus reconnaît Simon. On l'appelle le Lépreux. Il semble que Jésus, l'ayant déjà rencontré, l'ait guéri. Simon insiste pour que Jésus et ses compagnons s'arrêtent chez lui pour y prendre leur repas. Jésus accepte.

Chez Simon, il va retrouver ses amis, Marthe, Marie et Lazare. Quelle joie de le revoir, ce Lazare rendu à la vie et qui probablement n'est pas encore revenu de ce qui lui est arrivé !
Chacun, pour faire honneur à Jésus, a revêtu ses habits de fête. Marthe, fidèle à sa réputation de bonne ménagère, sert les convives. Marie, disparue un instant, revient porteuse d'un vase : nous savons par l'Évangile que celui-ci est rempli d'un parfum « d'un grand prix ».
Marie s'approche de Jésus, brise le col du vase pour en répandre le parfum sur les pieds de Jésus. « Et elle les essuya ensuite avec ses cheveux, dit Jean. La maison fut tout emplie de l'odeur. »
Surprise dans l'assistance.
Certains s'émerveillent, mais une voix grince, celle de l'apôtre Judas, le trésorier du groupe :
– Pourquoi perdre ainsi ce parfum ? On aurait pu le vendre pour plus de trois cents deniers et donner cela aux pauvres !
L'observation est si désagréable que les larmes montent aux yeux de Marie. Alors Jésus intervient :
– Pourquoi lui faites-vous de la peine ? Laissons-la, elle a bien agi envers moi. Car vous aurez toujours des pauvres parmi vous, que vous pourrez soulager. Mais moi, vous ne m'aurez pas toujours. Cette femme a fait ce qu'elle a pu : elle a d'avance embaumé mon corps, pour mon tombeau...

OBJETS QUOTIDIENS
De tels ustensiles étaient utilisés par les Juifs du temps de Jésus. En janvier 1970, lors des fouilles pratiquées à Jérusalem, on en a trouvé de semblables : fours, jarres de pierre, table également de pierre. On se servait aussi de poteries, mais la vaisselle en pierre correspondait plus exactement, en certains cas, aux préceptes de la loi juive.

Le chemin de Jérusalem

Le repas est achevé. Les apôtres entourent Jésus.
Et Jésus leur parle :
– Voici que nous montons à Jérusalem. Et le Fils de l'Homme sera livré aux princes des prêtres et aux scribes, ils le condamneront, le livreront aux gentils. On l'insultera, on crachera sur lui, on le flagellera, on le fera mourir, mais trois jours après il ressuscitera.
Ils l'écoutent. Et ils s'interrogent.
Est-ce là une parabole ? Une prophétie ? Une énigme proposée à leur sagacité ? « Ils ne comprirent rien à cela, dit Luc. C'était pour eux un langage caché, dont ils ne saisissaient point le sens. »

L'APOTHEOSE ET LE COMPLOT

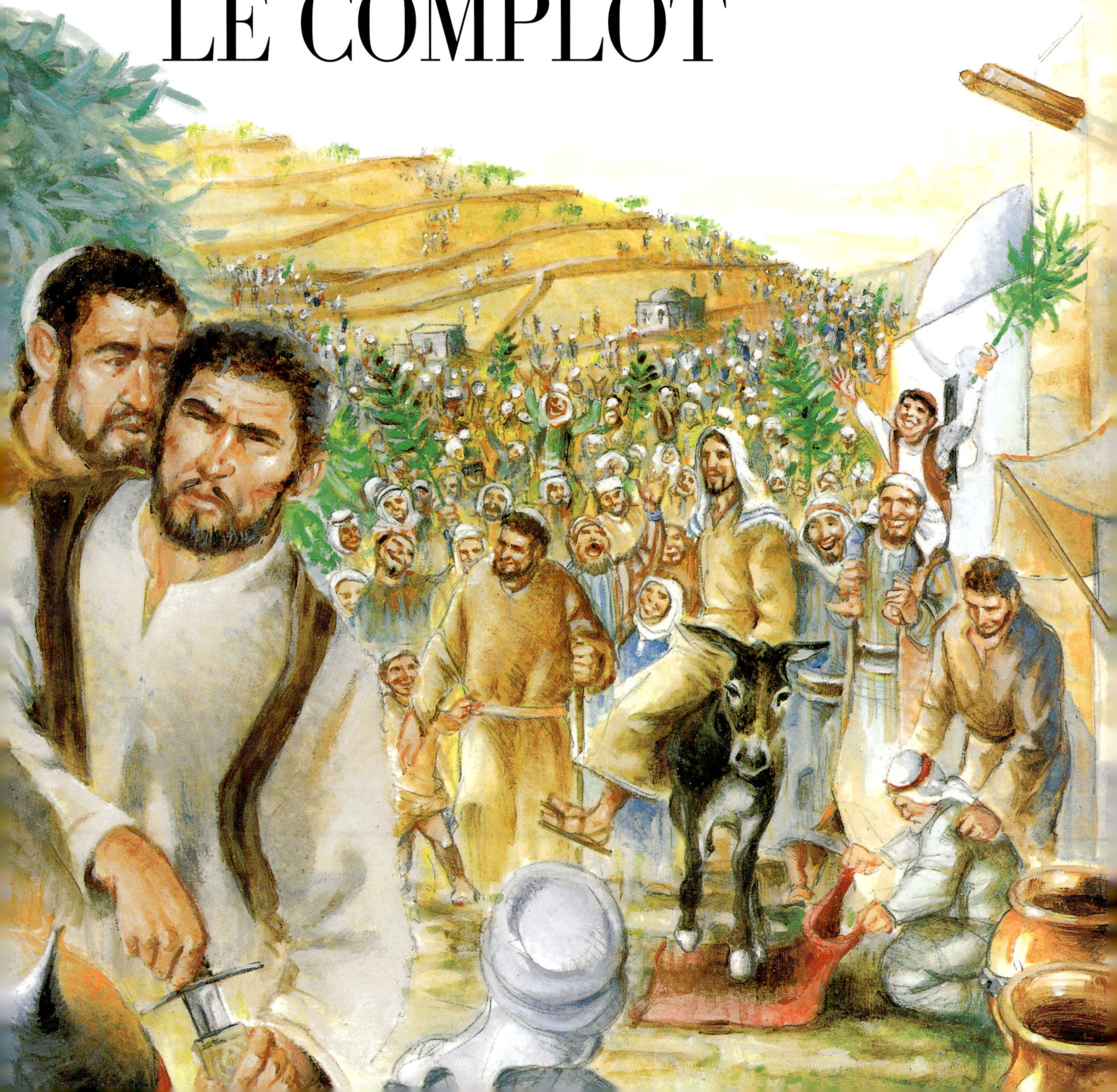

Devant la maison de Simon le Lépreux, il semble que tous les habitants de Béthanie se soient attroupés. Agités, gesticulant, le verbe haut, les yeux brillants, ils ne parlent que de ces deux aveugles guéris par Jésus, tout récemment, près de Jéricho. Et surtout de Lazare sorti vivant du tombeau. Certes, on sait que Jésus a déjà ressuscité des morts. Mais cela se passait au loin, en Galilée. Les derniers miracles se sont produits ici, en Judée. Toute la région en retentit. Non seulement les gens de Béthanie, mais ces foules qui s'acheminent vers Jérusalem, pour la Pâque toute proche. La fête se célébrera le dimanche 7 avril. Dans une semaine exactement. Souvenez-vous : nous sommes en l'an 30 de notre ère.

La porte s'ouvre, Jésus sort. Un grand cri jaillit de toutes les poitrines :

– Jésus ! Jésus ! Jésus !

Les apôtres l'aident à fendre les rangs serrés des hommes et des femmes. Jésus prend la route de Jérusalem. Les gens de Béthanie le suivent. Ils en sont venus à un tel degré d'exaltation que pas un seul ne songe à le quitter !

Mais qu'est-ce donc que ces hommes et ces femmes qui, en sens inverse, accourent vers lui ? Les premiers arrivés se précipitent vers Jésus, se saisissent de ses mains pour les porter à leurs lèvres, embrassent les plis de son manteau. Et c'est le même cri, le même appel :

– Jésus ! Jésus !

Ici encore, il faut que les Douze interviennent. Ils font à Jésus un rempart de leur corps. Ils interrogent les nouveaux arrivants : Qui êtes-vous ? D'où venez-vous ? Que voulez-vous ?

La réponse est on ne peut plus simple : ces braves gens viennent de Jérusalem. Ils ont entendu parler de Lazare, des miracles de Jésus. On leur a dit qu'il approchait. Ils n'y ont plus tenu : ils ont couru à sa rencontre.

L'âne et l'ânon

A tous, comme toujours, Jésus fait bon visage. Et tous, enveloppés par son regard, se sentent les bienvenus.

Il reprend sa marche. Ceux de Béthanie, ceux de Jérusalem se mêlent pour l'escorter. Fraternellement.

Double page précédente :
LES CINQ DERNIERS JOURS DE LA VIE DE JÉSUS
Nous découvrons sur le double dessin un contraste saisissant qui résume la fin de la vie de Jésus. Nous passons du bonheur le plus extrême à la plus poignante des tragédies. A droite, voici le dimanche des Rameaux. Au milieu d'une foule enthousiaste, Jésus, monté sur un âne, s'avance vers Jérusalem. Émerveillés, ravis, hommes et femmes crient leur joie. C'est l'apothéose de Jésus. Mais le complot des prêtres, des scribes et des pharisiens, est en route. Au centre, Judas, au jardin de Gethsémani, donne à Jésus le baiser qui le livre à ses bourreaux. En haut, à gauche, le supplice de Jésus commence.

L'ÂNE, COMPAGNON FAMILIER DE L'HOMME
Dans l'actuel Israël, on trouve encore de ces ânes qui, au temps de Jésus, participaient à toute la vie quotidienne des Juifs : ils transportaient les voyageurs et les marchandises, ils tiraient les charrues et se livraient à bien d'autres tâches indispensables. Le prophète Zacharie avait annoncé que le Messie monterait un ânon.

Sur les traits de Jésus, ce que l'on découvre c'est l'assurance d'un homme certain que son destin s'accomplit, ainsi qu'il en avait été décidé depuis le commencement du monde.

Pour aller à Jérusalem, la route passe par le mont des Oliviers. Déjà, non loin de là, on en devine les courbes.

Tout à coup, voici que Jésus s'arrête. Aux apôtres étonnés, il montre quelques maisons, une centaine de mètres devant eux. C'est un hameau du nom de Bethphagé, autrement dit la « Maison du figuier ».

Il appelle à lui deux de ses disciples :

– Allez à ce village qui est en face. En entrant, vous verrez une ânesse à l'attache avec son ânon. Personne ne s'est encore assis dessus. Déliez-les. Et si quelqu'un vous demande : « Que faites-vous ? Pourquoi détachez-vous ces bêtes ? » répondez : « Le Seigneur en a besoin. » Et aussitôt on vous les laissera emmener.

Dans la Palestine de ce temps-là, l'âne est le compagnon familier de l'homme. Il s'agit d'une race haute et vigoureuse qui ne ressemble que de très loin aux petits ânes de nos jardins publics. Rares sont les familles juives qui n'en possèdent pas un ou plusieurs. Que feraient sans eux les paysans pour cultiver leurs champs, les marchands pour porter leurs charges, les voyageurs pour se rendre d'un point à un autre ?

Jésus, excellent marcheur, a toujours dédaigné d'enfourcher un de ces animaux. Les apôtres comprennent d'autant moins l'ordre qu'il vient de donner. Ils devraient se souvenir de ce qu'a jadis

annoncé le prophète Zacharie : « *Voici que ton roi vient, plein de douceur, monté sur un âne, sur un ânon, le petit de l'ânesse.* »
On ne désobéit jamais à Jésus. Les disciples s'en vont au village, trouvent la maison annoncée. Là où Jésus l'avait dit, voici l'ânesse et l'ânon. Ils s'en emparent, les conduisent à Jésus. Jésus enfourche l'ânon.

Hosanna au plus haut des cieux !

Ceux qui viennent de Béthanie, ceux qui arrivent de Jérusalem ont gravi avec lui le mont des Oliviers. Tout en bas se dessine Jérusalem dans sa splendeur. Spectacle familier à Jésus depuis la fête des Tentes.
On ne s'est arrêté qu'un instant. On s'est engagé sur la route qui descend vers Jérusalem. Jésus monte toujours l'ânon. Maintenant,

JÉSUS ENTRE DANS JÉRUSALEM
Le grand peintre Giotto (fin du XIIIe siècle) a pris ici pour sujet l'entrée dans Jérusalem de Jésus. Comme le précise l'Évangile, certains habitants jettent des manteaux sous les sabots de l'âne en signe de respect tandis que d'autres récoltent des rameaux pour saluer l'arrivée du Christ.

ce sont des centaines, des milliers de gens qui s'en viennent au-devant de lui. A mesure que l'on s'approche des murailles de la ville, l'enthousiasme soulève davantage cette foule qui grossit sans cesse. « Les uns coupaient des branches pour en joncher le chemin, raconte Luc, les autres agitaient des palmes, beaucoup étendaient leur manteau sur le passage. » Transportés d'une vive allégresse, tous les disciples se mirent à chanter, à pleine voix, les louanges de Dieu : « Hosanna ! Béni soit celui qui vient au nom du Seigneur, le Roi d'Israël ! Béni soit le règne de David, notre Père, qui va commencer ! Béni soit le Fils de David ! »
Ne soyez pas surpris de ces manteaux jetés sous les pieds d'un âne. Il s'agit d'une tradition très ancienne en Orient et qui a persisté jusqu'à une époque récente. L'historien Daniel-Rops a cité le témoignage d'un Anglais qui, dans la première partie du XIXe siècle, passant par Bethléem, a vu arriver à sa rencontre des centaines d'hommes et de femmes. A son grand étonnement, ils se sont mis à étaler leurs vêtements à terre, devant son cheval. Il a fini par comprendre qu'ils le suppliaient d'intercéder pour eux auprès d'un souverain « dont ils avaient encouru la colère ».
N'importe, un tel spectacle ne s'était jamais présenté aux yeux des habitants de Jérusalem : un homme monté sur un âne, une foule immense se pressant autour de lui, criant et chantant, agitant des palmes et le glorifiant. Ce souvenir sans égal, les chrétiens n'ont cessé depuis de le célébrer.
Ils le font le dimanche des Rameaux.

De toi, Jérusalem, il ne restera plus pierre sur pierre

Devant la porte colossale qui s'ouvre devant lui – la porte Dorée –, le cortège va se dissoudre. Fatalement.
Les rues de la capitale sont trop étroites, trop encombrées. D'ailleurs, la police ne tolère aucune manifestation populaire.
Avant de pénétrer dans la ville, Jésus s'est arrêté pour considérer la cité du Dieu unique, celle où on l'avait emporté nouveau-né, celle où, à douze ans, il avait harangué les docteurs, celle où il était si souvent revenu depuis. Ville de gloire, ville de foi, ville où il sait que l'attendent ceux qui ont juré sa perte.

Et tout à coup, les apôtres le voient comme écrasé de désespoir. Luc nous dit – précision bouleversante – qu'un sanglot lui monte de la gorge :

– Ô Jérusalem ! Si tu connaissais, du moins en ce jour, ce qui te conserverait la paix ! Mais ces choses sont maintenant cachées à tes yeux... Viendront sur toi des jours où tes ennemis t'environneront de tranchées, t'investiront et te presseront de toutes parts. Ils te jetteront à terre, toi et tes enfants. Dans ton enceinte, ils ne laisseront pierre sur pierre, parce que tu n'as pas su connaître le temps où tu fus visitée !

Au milieu de la cohue et du vacarme qui s'en élève, peu ont dû entendre ces paroles. Les apôtres les ont recueillies. Très tôt, ils en ont fait état. Cette sinistre prédiction s'est réalisée quand, en l'an 70 de notre ère, l'armée romaine commandée par Titus a pris d'assaut Jérusalem, mettant la ville à sac et détruisant le Temple qu'Hérode le Grand avait cru édifier pour l'éternité.

LE MONT DES OLIVIERS
Ce jardin est devenu l'un des hauts lieux de la chrétienté. Là où, au temps de Jésus, s'élevaient une oliveraie et un simple moulin à huile, se sont construits à travers les âges plusieurs sanctuaires et couvents. Ils sont visités, chaque année, par des dizaines de milliers de pèlerins venus du monde entier.

Vous ne comprenez rien ! dit Caïphe

Deux jours plus tôt, le vendredi 31 mars, le grand prêtre Caïphe a réuni chez lui les autorités religieuses. Le bruit né de la résurrection de Lazare, l'enthousiasme populaire qui en est résulté rendaient urgent que soit apportée une solution au « problème Jésus ».
Autour de Caïphe, les voyez-vous assemblés, les membres du Sanhédrin, les docteurs de la Loi, les pharisiens, les plus éminents des scribes ? Jusque-là, les membres du Sanhédrin ont tergiversé. Ce n'était pas l'envie qui leur en manquait, mais ils n'ont pu parvenir à faire arrêter Jésus. Chaque fois, il est parti libre, a repris son enseignement et sans cesse accru le nombre de ses disciples.
Autour de Caïphe, les plaintes jaillissent, amères :
– Que ferons-nous ? Cet homme opère beaucoup de miracles. Si nous le laissons agir, tous croiront en lui et les Romains viendront détruire notre ville et notre nation.
Tous se sont exprimés dans le même sens. Caïphe les a d'abord écoutés sans mot dire. Puis il a pris la parole :

– Vous n'y comprenez rien. Vous ne réfléchissez pas qu'il est de votre intérêt qu'un seul homme meure pour que le peuple et la nation ne périssent pas !
Tels étaient l'ambiance qui régnait et le langage que l'on tenait alors que Jésus était encore éloigné de Jérusalem. Imaginez l'état d'esprit des autorités religieuses quand elles ont appris, le dimanche, que le faux prophète, l'agitateur, le provocateur avait de nouveau osé franchir les murs de Jérusalem. Et qu'il s'était tout droit – quelle audace ! – rendu au Temple.
Dès lors, ils n'en doutent plus : arrêter Jésus ne suffirait plus. Il faut le faire périr. Un seul problème se pose encore à eux. Il est d'importance : les Romains interdisent aux Juifs de procéder à aucune exécution. Ils se réservent ce droit. Que faire ?
La conclusion est vite trouvée : il faut chercher le moyen de convaincre les Romains. Il en est un qui a toujours fait ses preuves : il suffit de démontrer que Jésus appelle les Juifs à la révolte contre l'empereur. Avec ce genre d'accusation, les Romains n'ont pas l'habitude de plaisanter.
Si les Romains prennent au sérieux la dénonciation, on peut déjà prévoir le sort qui sera réservé au coupable : c'est celui de tous les résistants, de tous les opposants qui ont pris les armes contre l'occupant.
La mise en croix.

Prendre Jésus en défaut

Comme chaque veille de Pâque, de nouveaux arrivants affluent à Jérusalem. Chaque maison regorge d'hôtes souhaités ou subis. Les auberges affichent complet. Les propriétaires louent à prix d'or le plus exigu des réduits. Le moindre carré de jardin s'encombre de deux ou trois tentes. Et, comme à l'accoutumée, le flot des pèlerins se dirige vers le Temple.
Là, que trouve-t-on ? Jésus prêchant.
Le lundi matin, il est revenu prendre sa place sous les portiques. Le triomphe de la veille ? Le peuple l'acclamant, les cris et les chants ? Les rameaux agités, les manteaux jetés sous ses pas ? Il semble avoir tout oublié. Il parle. On l'écoute.
Et que dit-il ?

– Je vous dis que le Royaume de Dieu vous sera ôté et qu'il sera donné à un homme qui en produira les fruits !
« Les princes des prêtres et les pharisiens, écrit Matthieu – qui était là –, comprirent que Jésus parlait d'eux. »

Tendre le piège

D'heure en heure, tout ce que dit, tout ce que fait Jésus est rapporté au grand prêtre Caïphe. La même question obsède toujours les autorités religieuses : comment agir contre Jésus ? L'arrêter au Temple ? Il est sans cesse entouré de disciples. Hors du Temple ? Dès qu'il en sort, il quitte la ville et l'on ne sait jamais où il va.
Une seule solution : le prendre publiquement en flagrant délit de violation de la Loi.
Quand, le mercredi, Jésus arrive au Temple, il trouve, mêlés à son auditoire habituel, les princes des prêtres, les Anciens, mais aussi des pharisiens et même des envoyés d'Hérode. Sans compter des *sadducéens*.
Je ne vous ai pas encore parlé des sadducéens. Ce sont des Juifs qui s'écartent sur certains points des croyances pratiquées par les autres : par exemple, ils refusent d'admettre l'existence des anges. On les craint, car ils sont puissants et riches : comme l'administration du Temple dépend d'eux, ils encaissent les contributions des fidèles. De plus, pour protéger leurs richesses, ils recherchent et obtiennent l'amitié des Romains.
Si tous ces gens se sont rassemblés, ce n'est évidemment pas par hasard. En allant prendre sa place habituelle, Jésus sait qu'il va faire face à une formidable alliance de tous ses ennemis.
Ceux qui tentent de porter le premier coup, ce sont les prêtres. L'un d'eux s'avance, agressif. Au nom de qui Jésus s'est-il permis de chasser les marchands du Temple ? Le piège est aisé à discerner : si Jésus répond que Dieu le lui a ordonné ou qu'il a agi parce qu'il est lui-même Dieu, il sera convaincu de blasphème. S'il ne trouve rien à répondre, il perdra la face vis-à-vis de ses disciples.
Or, à la question, Jésus répond par une autre question :
– Le baptême de Jean-Baptiste, d'où venait-il ? Du ciel ou des hommes ? Si vous me répondez, je répondrai moi-même.

Le résultat : les prêtres restent muets.
– Alors, je ne vous répondrai pas.

Rendez à César ce qui appartient à César

Les envoyés d'Hérode tentent leur chance. Eux, ce qui les intéresse, c'est la politique, ce sont les bons rapports que l'on doit entretenir avec les Romains. A Jésus, ils demandent :
– Est-il permis de payer le tribut à César ?
L'empereur qui règne à Rome se nomme Tibère. Mais, en souvenir du fondateur de leur lignée, Jules César, tous les empereurs ajoutent son nom au leur. Parler de tribut payé à César, c'est demander s'il est légitime, pour un Juif, de payer l'impôt aux Romains.
Ici le piège est plus sournois, plus dangereux. Si Jésus

JÉSUS ET LE DENIER DE CÉSAR
Aussitôt arrivé à Jérusalem, Jésus se rend au Temple pour prêcher. La foule se presse aussitôt pour l'écouter. Ici, le peintre James Tissot (fin du XIXe siècle) a remarquablement rendu l'attention particulière que suscitent les réponses de Jésus aux envoyés d'Hérode.

répond affirmativement, il se révèle, aux yeux de cette foule antiromaine, comme un ami des Romains. S'il répond par la négative, on pourra courir le dénoncer aux Romains : voilà un homme qui conseille de leur refuser l'impôt.

A peine la question formulée, Jésus demande qu'on lui apporte une de ces pièces d'or ou d'argent avec lesquelles il est obligatoire de payer l'impôt. C'est une pièce romaine : elle porte l'image de Tibère et l'inscription est en latin.

PIÈCES
On comptait l'argent en Palestine de la même manière que les Romains : en deniers et en sesterces. On voit ici une monnaie en or du temps de l'empereur Tibère.

– De qui est cette image, interroge Jésus, de qui est cette inscription ?
– De César, balbutient les envoyés d'Hérode.
– Rendez donc à César ce qui appartient à César, dit Jésus, et à Dieu ce qui appartient à Dieu !
Voilà les politiques à leur tour réduits au silence.

Des ennemis en déroute

Les sadducéens, eux, ont préparé une question dont ils attendent un résultat infaillible. Une femme, ayant perdu son mari sans avoir eu d'enfant, épouse, comme la loi l'y invite, le frère de celui-ci ; si ce frère décède à son tour et si elle épouse un deuxième frère ; et si, de décès en décès, il arrive qu'elle épouse en tout sept frères, qu'arrivera-t-il au jour de la résurrection ?
Auprès de quel mari se rendra-t-elle ?
Jésus les foudroie : de quel droit osent-ils imaginer que la résurrection ramènera à la vie les hommes et les femmes sous leur enveloppe humaine ? Dans la vie de l'au-delà, les problèmes misérables qui s'attachent à la terre ne se poseront plus. Les sadducéens parlent d'hommes et de femmes de chair. Rien de commun avec ceux qui ont cessé de vivre :
– Ils sont comme des anges, dit Jésus.

Éliminés, les sadducéens.
En bon ordre, les pharisiens s'avancent. Eux aussi ont soigneusement préparé leur plan d'attaque.
– Maître, quel est le plus grand commandement de la Loi ?
On répète partout que Jésus prend des libertés condamnables avec la Loi de Moïse. Sans doute va-t-il se trahir.
Tranquillement, il répond :
– Tu aimeras le Seigneur ton Dieu de tout ton cœur, de toute ton âme et de tout ton esprit. C'est là le plus grand et le premier commandement. Le second lui est semblable : tu aimeras ton prochain comme toi-même. A ces deux commandements se rattachent toute la Loi et les prophètes.
Pour les ennemis de Jésus, c'est une déroute totale.
L'apôtre Marc, relatant ce face-à-face au cours duquel Jésus a triomphé, ajoute ce commentaire : « Et la foule nombreuse écoutait Jésus avec plaisir. » Vous serez d'accord avec moi : dans un langage plus moderne, cela signifie que cette foule-là jubilait...

Pour trente deniers

Dans la nuit du mercredi au jeudi, un homme se glisse dans le Temple. C'est l'apôtre Judas. Que vient-il faire ?
Au cours de la journée, le grand prêtre Caïphe a, une fois de plus, réuni les princes des prêtres et les Anciens. De nouveau, disent les évangiles, ils ont délibéré « sur les moyens de s'emparer de Jésus par ruse ».
Mais l'irritante question se pose toujours : puisqu'on ne peut l'arrêter au Temple, où le trouver ?
La nuit est tombée et l'on cherche encore. Alors paraît Judas. Ses traits sont altérés, son regard est plein d'angoisse. Les paroles ont peine à franchir ses lèvres. Enfin on l'entend prononcer ces mots d'une voix mal assurée :
– Moi, je vous livrerai Jésus...
Quelle stupeur autour de Caïphe ! Judas est, d'un instant à l'autre, devenu le centre d'un prodigieux intérêt. Il s'explique : à la première occasion favorable, il conduira les gardes du Temple à l'endroit où sera Jésus. Là, on pourra s'emparer de lui. Des cris de reconnaissance volent à l'adresse de Judas. Les

L'APÔTRE JUDAS
Fra Angelico a peint ici Judas (à gauche) avec Jésus. L'apôtre Judas était en quelque sorte le trésorier du groupe qui suivait Jésus. Comme beaucoup de Juifs, il espérait voir son maître prendre la tête de la révolte contre les Romains. Déçu, il l'a trahi. « Satan était entré en lui », dit Luc. « Et ils lui pesèrent son salaire : trente deniers », ainsi que, des siècles plus tôt, l'avait annoncé le prophète Zacharie.

prêtres se sentent si satisfaits qu'ils lui promettent de l'argent : trente deniers.
Judas repart dans la nuit.
Vous devez savoir que, depuis deux mille ans, on discute sur le cas de Judas. Pourquoi cet homme qui, comme les autres apôtres, s'est voué corps et âme à Jésus, qui a tout abandonné pour le suivre, s'est-il soudain résolu à le livrer à ses pires ennemis ?

L'espoir déçu de Judas

Pour de l'argent ? Voilà qui est peu vraisemblable : Judas est le trésorier des Douze, il détient le petit trésor de guerre du groupe et y puise à sa guise. De plus, trente deniers ne représentent nullement une grosse somme. Quelques jours plus tôt, le même Judas estimait la valeur du parfum répandu par Marie de Béthanie à trois cents deniers !
Plusieurs historiens pensent aujourd'hui que Judas attendait avant tout de Jésus qu'il délivre Israël de l'occupation romaine. Le jour des Rameaux, enivré par les acclamations qui montaient de la foule déchaînée, il a cru que Jésus allait soulever les Juifs, se mettre à leur tête et appeler à la révolte contre les Romains. Tout le jour, enfiévré d'espoir, il a attendu. En vain.
Le lundi, le mardi, le mercredi, Judas continue d'espérer. Or, le mercredi soir, Jésus n'est toujours pas passé à l'action.
Si Judas vient offrir aux prêtres de le livrer, c'est parce qu'il veut forcer Jésus à dévoiler sa toute-puissance. Au moment où les gardes du Temple voudront mettre la main sur lui, Jésus, d'un seul geste, les clouera au sol. Il se révélera dans toute sa gloire. Israël sera sauvé. Les Juifs, redevenus libres, vivront sous le règne du Fils de Dieu, ainsi que les prophètes, depuis des siècles, l'ont annoncé.
« Une occasion favorable », a dit Judas. Il la guette.

C'est chez toi que je célébrerai la Pâque

Ni le mercredi ni le jeudi, on n'a revu Jésus au Temple. Le mercredi, il retourne à Béthanie où il retrouve Lazare et ses sœurs. Le jeudi, grande joie : sa mère le rejoint chez les amis qui l'accueillent, hors de Jérusalem.

Assurément, les craintes de Marie sont à leur comble. Elle ne peut rien ignorer de la terrible coalition qui s'est nouée contre son fils. Elle n'ignore pas non plus les paroles qu'il a plusieurs fois adressées à ses disciples. Le mardi soir encore, il a dit :

– Vous savez que la Pâque a lieu dans deux jours : le Fils de l'Homme va être livré pour être crucifié...

Depuis que Jésus a quitté Nazareth pour enseigner les foules, nous n'avons plus guère vu paraître Marie. Nous la devinons dans l'ombre, se réjouissant des triomphes de son fils, admirant ses miracles mais toujours tremblant à la pensée de l'avenir qui l'attend.

Sentant proche cette conclusion tant redoutée, elle a voulu être là.

Un homme portait une cruche

Dans la journée de jeudi, les apôtres abordent Jésus :

– Où veux-tu que nous allions te préparer le repas de la Pâque ?

C'est à Pierre et Jean qu'il répond :

DANS UNE MAISON À JÉRUSALEM
Ces objets et cette table de pierre proviennent de la demeure de Juifs aisés qui vivaient au Ier siècle. Les quantités de cendre et de bois brûlé retrouvées par les archéologues lors de son exhumation ne laissent pas de doute : il s'agit d'un vestige du terrible incendie déchaîné par les Romains en l'an 70 de notre ère, au cours duquel Jérusalem et son temple furent détruits.

– Allez à la ville. En arrivant, vous rencontrerez un homme portant une cruche d'eau. Suivez-le. Là où il entrera, dites au maître de maison : « Voici le message du Seigneur : où est la salle où je mangerai la Pâque avec mes disciples ? » Et il vous montrera une grande chambre haute, ornée de tapis, meublée et toute prête. C'est là que vous préparerez la Pâque.

Aussitôt, Pierre et Jean se rendent à Jérusalem. Ils aperçoivent un homme porteur d'une cruche. Spectacle très rare, car presque toujours ce sont les femmes qui vont chercher l'eau. Cet homme, ils le suivent. Tout se déroule point par point comme l'a annoncé Jésus. Ils trouvent la maison. On leur montre au premier étage une vaste salle. Tout est en place : table basse pour le repas, tentures, tapis, divans sur lesquels on s'étendra pour manger, à la mode romaine.
On prend rendez-vous pour le soir même.

Une grande leçon d'humilité

Ils sont là, autour de Jésus, les Douze. Tous, y compris Judas. Il est cinq heures et demie du soir. La nuit est tombée. La Pâque peut commencer.
Pour les Juifs, le festin pascal est une occasion de se réjouir. On se retrouve avec joie, on se félicite d'être là. On plaisante, on rit beaucoup.
Pourquoi les visages des apôtres sont-ils empreints de tant de gravité ? Pourquoi Jésus lui-même, s'il sourit, montre-t-il plus de tristesse que de joie ?
On guette ses premières paroles. Tout s'éclaire.
– J'ai désiré manger avec vous cette Pâque et grand était ce désir. Je le voulais avant de souffrir. Car, je vous le dis, je n'en mangerai plus d'autre avant la Pâque parfaite, celle qu'on célébrera au Royaume de Dieu.
Donc, il confirme ce que les apôtres soupçonnaient et se disaient entre eux : ce repas est sans doute le dernier qu'ils vont prendre avec Jésus vivant.
Tout prouve d'ailleurs que Jésus veut lui accorder une solennité particulière.
Avant de passer à table, il se dépouille de son manteau et enroule un linge autour de sa taille. Il verse de l'eau dans un bassin et, passant devant les apôtres, il se baisse pour laver les pieds de chacun. Si grande est leur surprise qu'ils se laissent faire, sans rien dire.
Pierre, le plus vif, le plus spontané, réagit le premier :
– Quoi, Seigneur, tu me laves les pieds !
– Si je ne te les lave point, tu n'auras pas de part avec moi !

Phrase un peu obscure qui peut se traduire ainsi : si je ne te lave pas les pieds, tu resteras à l'écart de ce que je veux faire ce soir.
– Ah! Seigneur, s'exclame alors Pierre de sa voix chaude et rude, alors pas seulement les pieds, mais les mains ! mais la tête !
Le cérémonial imprévu s'achève. Jésus tient à ce que les apôtres en comprennent tout le sens :
– Vous m'appelez Maître et Seigneur, et vous avez raison, car je le suis. Si donc moi, le Maître et le Seigneur, je vous ai lavé les pieds, vous devez, vous aussi, vous laver les pieds les uns les autres...
Ces phrases prennent un double sens. D'abord Jésus conseille aux apôtres de l'imiter. Si lui s'est abaissé jusqu'à leur laver les

LA CÈNE
Ce dessin évoque le dernier repas pris par Jésus avec ses apôtres le soir du jeudi saint. Nous l'appelons la Cène, du mot latin cena, *souper. La maison qui accueillit Jésus et ses apôtres a laissé place aujourd'hui à une mosquée.*

pieds, il faudra qu'ils en fassent autant avec les autres, quoi qu'il puisse leur en coûter : il ne devait pas être agréable de laver les pieds sales de gens accoutumés à marcher dans la poussière des routes et des chemins !

Mais Jésus veut faire comprendre aussi que les hommes les plus puissants, les plus riches, doivent faire taire tout orgueil, tout sentiment de supériorité. Ils doivent se faire non seulement les égaux des pauvres et des faibles, mais leurs serviteurs.

C'est en souvenir de ce qu'a accompli Jésus ce soir-là que les rois de France, plus tard, au moment où Pâques approchera, laveront les pieds – souvent repoussants et répandant une odeur insoutenable – des malheureux qu'on leur amènera.

L'un de vous me trahira

Avant de passer à table, quelques apôtres se disputent : chacun veut être près de Jésus. Ils ont droit à des reproches :

– Les rois des nations ne songent qu'à assurer leur domination sur elles ! Mais vous, ne les imitez pas ! Que le plus grand d'entre vous soit comme le dernier ! Que celui qui gouverne soit au même rang que le serviteur !

Les voici autour de la table. Des candélabres, quelques lampes à huile enveloppent de lumière les plats dans lesquels les convives plongent la main pour en retirer viandes et légumes.

On se passe à la ronde les cruches pleines de vin. Les coupes se remplissent.

Peu à peu, l'ambiance s'est détendue. Comment ne pas se sentir heureux dès lors que l'on est en présence du Seigneur ? Et voici qu'une terrible parole tombe de la bouche de Jésus :

– Je vous le dis, en vérité, l'un de vous me trahira...

Quelle agitation ! Quelle panique ! Les questions pleuvent :

– Est-ce moi, Seigneur ?

Jésus ne répond pas. Judas, à son tour, interroge :

– Est-ce moi, Seigneur ?

Jésus le dévisage. A voix très basse, il répond, de façon que – seul ou presque seul – Judas l'entende :

– Tu l'as dit.

LE PARTAGE DU PAIN ET DU VIN
Rassemblés dans la chambre haute pour fêter la Pâque, Jésus partage avec ses disciples le pain et le vin pour la dernière fois. Juste de Gand, peintre du XVe siècle, a peint la « communion » des disciples avec un réalisme étonnant qui souligne l'émotion qui règne alors autour de la table.

Faites cela en mémoire de moi

Le repas s'achève. Ce qui va se passer alors, aucun des apôtres n'a pu le prévoir. Comment auraient-ils pu soupçonner que Jésus allait exprimer par quelques gestes, par quelques mots, son message le plus important et le plus profond ?

Je préfère ici laisser la parole à saint Paul qui, tenant le récit de la scène de ceux qui y avaient assisté, l'a rapporté à ses amis de Corinthe, l'une des premières communautés chrétiennes :
« Jésus prit du pain, rendit grâces, puis le bénit, le rompit et le donna à ses disciples en disant : "Prenez et mangez ; ceci est mon corps livré pour vous." De même, prenant la coupe, il rendit grâces, la bénit et la présenta à ses disciples en disant : "Buvez-en tous ; c'est la coupe de mon sang, le sang de l'alliance nouvelle, qui sera répandu pour vous et pour un grand nombre, afin que les péchés soient remis. *Faites cela en mémoire de moi.*" »
Déjà, dans la synagogue de Capharnaüm, Jésus a annoncé le « Pain de Vie ». Ici, il met le point final à cette « communion » qui liera d'abord ensemble ceux qui se réclameront de lui, et enfin les liera à lui.
Ce moment capital, les chrétiens l'appelleront la *Cène*, du mot latin *cena* qui veut dire « souper ».

Avant que le coq ait chanté

L'émotion. Le silence. Curieusement, la tristesse refait surface. Chacun sent venir le moment de grands malheurs. Chacun tremble pour Jésus et – pourquoi ne pas le dire ? – pour soi-même. Le seul qui ose exprimer la pensée de tous, avec l'enthousiasme que vous lui connaissez, c'est Pierre :
– Seigneur, avec toi je suis prêt à aller en prison et à la mort !
Jésus, doucement, secoue la tête :
– Ah ! Pierre, en vérité, le coq n'aura pas chanté deux fois que tu m'auras renié trois fois !
On imagine ces lampes qui, faute d'huile, s'éteignent les unes après les autres, les candélabres dont la flamme se mêle de fumée. La fatigue. L'inquiétude qui monte. La peur qui serre les cœurs. L'un des Douze interroge anxieusement :
– Où vas-tu, Seigneur ?
Cet homme-là n'a pas oublié que les Douze doivent passer avec Jésus la nuit au mont des Oliviers. Il n'a nul besoin de savoir où il va se diriger. Ce qu'il demande au Seigneur, c'est s'il lui reste quelque projet sur cette terre.
En guise de réponse, c'est une méditation à voix haute que livre Jésus. Ceux qui sont là n'oublieront jamais les phrases

qu'il a prononcées. Ils en noteront précieusement tous les mots :
– Croyez que je suis dans le Père et que le Père est en moi... En vérité, tout ce que vous demanderez à mon Père en mon nom, il vous le donnera...
Et encore :
– Je suis la Voie, la Vérité, la Vie. Nul ne vient au Père que par moi...
Et surtout :
– *Aimez-vous les uns les autres ! Aimez-vous comme je vous ai aimés !*
Il précise que là se trouve le nouveau commandement qu'il leur laisse. Quand vous songerez à Jésus, pensez toujours à cette phrase qui résume tout ce qu'il a enseigné. L'amour de Jésus pour les hommes est si grand qu'il va le conduire à donner sa vie pour eux. L'amour est donc à ses yeux essentiel à toute existence humaine.
On prend congé du maître de maison. La nuit est fraîche. La lune luit dans le ciel. La ville dort.
Jésus s'enfonce dans les rues désertes. Onze apôtres le suivent. Le douzième a disparu. C'est Judas.

Le mont des Oliviers

Le petit groupe est sorti de la ville, a traversé la campagne, a gravi la pente de cette colline que l'on appelle mont des Oliviers, pour la simple raison que, sur ses flancs, poussent en abondance les arbres dont on tire cette huile si précieuse pour les peuples méditerranéens.
Il y a là, au milieu d'un grand jardin, l'installation d'un paysan, la réserve où l'on porte les olives fraîchement cueillies et aussi un pressoir, avec ses meules de bois dur, qui permet d'écraser les olives. En hébreu, pressoir se dit : *gethsémani*.
Quand Jésus et les siens pénètrent dans le jardin, il est probable qu'il est plus de minuit. Probable aussi que l'on a négocié avec le propriétaire le droit de s'abriter chez lui cette nuit-là.
Chacun est las, agité de sentiments violents et contradictoires. Jésus se tourne vers ses amis :
– Asseyez-vous ici. Moi j'irai plus loin pour prier.

Un signe aux fils de Zébédée, Jacques et Jean : venez avec moi. Ils le suivent jusqu'en un lieu écarté où il s'arrête. Comme il a l'air accablé ! Jamais Jacques et Jean ne l'ont vu ainsi.
Il murmure :
– Mon âme est triste jusqu'à la mort...
C'est bien ainsi que, désespérés eux-mêmes, ils le ressentent. Il leur dit encore :
– Restez ici, veillez en même temps que moi !
Il s'éloigne « d'un jet de pierre », dit l'Évangile, c'est-à-dire de la distance jusqu'à laquelle un homme est capable de lancer une pierre.
Jésus s'agenouille, s'incline si bas que son visage touche la terre. De loin, Jacques et Jean l'entendent appeler, presque supplier – avec quelle douleur !
– Mon Père, s'il est possible, éloigne de moi ce calice !
Un calice, c'est un vase. Il est clair que Jésus, ici, pense à un vase rempli d'un breuvage si amer que la seule idée de l'absorber lui est en horreur.
Pleure-t-il, sanglote-t-il, est-ce seulement sa voix qui tremble ? Ils ne le savent pas, Jacques et Jean, mais ils comprennent que, comme tous les hommes, Jésus a peur de la mort. Si le Fils de Dieu s'est fait homme, c'est pour éprouver les joies et les espoirs, les souffrances et les terreurs que tous les hommes connaissent ou connaîtront.

« S'ÉTANT MIS A GENOUX, IL PRIAIT »
Dans un détail d'un tableau montrant Jésus au jardin des Oliviers, le peintre italien Andrea Mantegna (XVe siècle) traduit l'extrême détresse du Christ suppliant : « Père, s'il est possible, éloigne de moi ce calice ! » Par trois fois, nous dit Matthieu, Jésus redit les mêmes paroles, toujours avec cette réserve : « Mon Père, que ta volonté se réalise. »

Que ta volonté soit faite !

Maintenant il se tait. Il prie toujours, mais en silence. La fatigue s'abat peu à peu sur les apôtres. Il semble à Jacques et à Jean que leurs paupières s'alourdissent. Ils luttent un instant, le sommeil est le plus fort.

La voix de Jésus les réveille en sursaut. Il est là, debout devant eux, infiniment triste :

– Ainsi, vous n'avez même pas pu veiller une heure avec moi !

Honteux, ils le voient s'éloigner de nouveau, se remettre en prière, ils l'entendent s'adresser au même interlocuteur invisible :

– Père, si ce calice ne peut passer sous mes lèvres sans que je le boive, que ta volonté soit faite !

« Et il était en agonie, raconte Luc, au comble de l'angoisse. Pour prier, sa voix s'élevait, de plus en plus forte. Sa sueur, coulant sur son visage, devenait comme de grosses gouttes de sang et ruisselait jusqu'à terre. »

Quand un homme ressent une très grande peur, quand il éprouve une angoisse extrême, il arrive que l'hémoglobine – la matière qui colore le sang en rouge – passe dans la sueur. Ce phénomène très rare concerne plutôt les animaux. Mais aussi, quelquefois, les hommes.

Imaginez l'effroi des apôtres quand, réveillés de nouveau par Jésus – et encore plus honteux de l'être –, ils voient le visage de leur maître inondé de sueur et de sang !

« IL LES TROUVA ENDORMIS »
Au jardin des Oliviers, Jésus s'est éloigné de ses disciples pour prier. Il demande pourtant à Pierre, Jacques et Jean de veiller avec lui. Dans cet autre détail du tableau d'Andrea Mantegna, grand peintre du XVe siècle, on découvre les apôtres endormis, emportés par la fatigue.

Une foule énorme

Une fois encore, Jésus s'est retiré pour prier. Une fois encore, il va venir réveiller les apôtres.

Au flanc du mont des Oliviers, une troupe armée s'avance. Dans la nuit, on devine des voix, le bruit de pas, peut-être celui d'armes qui s'entrechoquent.

A ces disciples qui viennent encore d'être surpris en flagrant délit de sommeil, Jésus lance avec quelque ironie :
– Maintenant vous pouvez dormir ! L'heure est proche où le Fils de l'Homme sera livré.
Un instant plus tard, éblouis par la flamme des torches, effarés par l'irruption dans le jardin d'une nuée de soldats, épées levées, de gardes munis de torches, d'une foule brandissant des bâtons et des épées, les apôtres bondissent sur leurs pieds. Certains s'égaillent en tous sens. D'autres, épouvantés, restent figés sur place.
Un homme surgit des rangs de ceux qui ont envahi le jardin : c'est Judas.

L'ARRESTATION DE JÉSUS
Dans une troisième partie du tableau de Mantegna, on aperçoit la foule des soldats venus arrêter Jésus, avec à leur tête Judas.

Le baiser de Judas

Une difficulté inquiétait les prêtres du Temple et les Anciens : comment, dans l'obscurité, reconnaître Jésus ? Ils s'en étaient ouverts à Judas. Il avait répondu : celui que j'embrasserai.
Judas tient parole. Il s'avance au-devant de Jésus.
– Salut, Maître, dit-il.
Et il l'embrasse.
– Ami, dit simplement Jésus, qu'es-tu venu faire ? Judas ! Tu trahis le Fils de l'Homme par un baiser !
Les gardes du Temple, les valets porteurs de torches, la foule, tout ce monde hésite : assurément, ces gens ne se sentent pas sûrs d'eux. La solennité de l'instant les dépasse. Mais Jésus, sans attendre, vient vers eux :
– Qui cherchez-vous ?
– Jésus de Nazareth !
– C'est moi.
Pour eux, cette réponse, si simple, si nette, se révèle à ce point déconcertante que, loin de s'emparer aussitôt de Jésus, ils reculent en désordre. Une bousculade se produit. Certains

tombent à terre et se relèvent sans oser mettre la main sur Jésus. Alors, le plus bouillant des apôtres, Pierre, s'élance, furieux. Il brandit une épée. L'a-t-il apportée avec lui ? L'un des gardes du Temple l'a-t-il laissée échapper? Pierre en frappe le premier qu'il rencontre, un valet du grand prêtre. Il lui entame l'oreille. Le sang coule.

LE BAISER DE JUDAS
C'est ainsi que l'a vu, au Moyen Âge, l'illustrateur des « Heures de Marguerite de Cortivy », avec notamment les armures médiévales des soldats à l'arrière-plan.

Jésus se jette entre les deux hommes. A Pierre, d'une voix tonnante, il ordonne :

– Rentre ton arme ! Celui qui frappe par l'épée périra par l'épée !

Il étend la main vers l'homme blessé. Instantanément le sang cesse de couler.

Il se tourne vers ceux qui sont venus l'arrêter. Il leur parle. Comme le ton de sa voix est amer !

– Vous êtes venus à moi comme si j'étais un brigand ! Avec des épées et des bâtons ! Et pourtant j'étais avec vous dans le Temple et vous n'avez pas mis la main sur moi !

Voilà qui les décide : ils se jettent sur lui, s'en saisissent. Ils l'entraînent.

Les apôtres se sont enfuis dans la nuit. Un seul est demeuré, l'effroi sur le visage : Judas. Il était si sûr que Jésus désarmerait ses ennemis, sûr que sa puissance surnaturelle les disperserait et que la vérité enfin éclaterait aux yeux de tous !

Rien de tout cela n'est arrivé. Celui que l'on emmène est un homme comme les autres, démuni, misérable comme le sont tous les prisonniers quand on les arrache à la liberté.

La perplexité d'Anne

Ce vieil homme qui dévisage le captif aux mains liées que l'on a conduit devant lui s'appelle Anne. Ne vous méprenez pas : on donnait alors indistinctement ce prénom à un homme ou à une femme.

Ainsi donc, le voilà, ce fameux Jésus !

Il y a, dans le regard du vieillard, plus de perplexité que de courroux. Au cours de sa longue vie, il a traversé tant d'événements de toutes sortes, sondé les véritables sentiments de tant de gens que, depuis longtemps, il ne s'étonne plus de rien.

Tout de même, c'est la première fois qu'il rencontre un vagabond qui se proclame roi des Juifs !

Anne est l'ancien grand prêtre du Temple. Il a parcouru ce qu'on appelle une « belle carrière ». Que de profits il a tirés de ses fonctions ! Un historien juif de l'époque écrit de lui : « Nul de plus astucieux que lui pour s'enrichir ! » Pour procurer aussi de bonnes places à sa famille : ses cinq fils ont été comblés d'honneurs et, quand il a dû prendre sa retraite, il s'est arrangé pour que son gendre, Caïphe, le remplace comme grand prêtre.

Le jour n'est pas encore levé.

La Loi juive interdit qu'un inculpé paraisse devant un tribunal avant les premiers rayons du soleil.

Plutôt que de jeter Jésus en prison pour une heure, les gardes ont préféré le conduire devant Anne.

Songeur, Anne tente de percer à jour l'homme silencieux. Il n'y parvient pas. Il se laisse peu à peu gagner par un malaise qu'il s'explique mal et qui le déconcerte.

Voici que tremblent les premières lueurs du jour. A quoi bon poursuivre ce face-à-face avec un muet ? D'un geste las, Anne commande aux gardes d'emmener le prisonnier.

Chez Caïphe.

Devant le grand prêtre

Il attend, le grand prêtre, savourant intensément ce moment qu'il a si ardemment appelé de ses vœux. Le plan se réalise de façon inespérée. Tant mieux.

LE CHRIST DEVANT CAÏPHE
Cette peinture de Francesco Uberti, dit Le Bacchiacca (XVIe siècle), présente Caïphe, le grand prêtre, curieux de rencontrer enfin Jésus. Intrigué par l'immense renommée de cet homme, il cherche à comprendre ce qui fait sa force.

Encore un habile, un malin, ce Caïphe.
Le procurateur romain Valerius Gratus l'a nommé pontife en l'an 18 de notre ère. Il le sera encore en l'an 36 : longévité exceptionnelle dans une fonction dont l'instabilité est légendaire.
Autour de Caïphe, voici les pontifes, les scribes, les Anciens. Ce qui exaspère tout ce monde, c'est la parfaite tranquillité de l'homme qu'on a conduit devant eux. Il attend. Rien d'autre, rien de plus. Brutalement, Caïphe l'interroge sur son enseignement. Qu'est-ce qu'il prétend faire connaître ?
– J'ai parlé ouvertement au monde, répond Jésus. J'ai toujours enseigné dans la synagogue et dans le Temple, où tous les Juifs s'assemblent. Jamais je n'ai rien dit en secret. Pourquoi m'interroges-tu ? Demande à ceux qui m'ont entendu ce que j'ai dit. Ma doctrine, ils la connaissent.
A-t-on deviné quelque dédain dans le ton de Jésus ?
Les prêtres s'agitent. Il faut absolument découvrir des témoins qui déposeront sur ce que l'on reproche à Jésus. La Loi précise qu'il en faut deux. On les cherche, on les trouve mais leurs propos se révèlent contradictoires. Tout ce qu'on peut retenir de leurs déclarations, c'est que Jésus a dit : « Je détruirai le Temple édifié de la main des hommes et, en trois jours, j'en reconstruirai un autre qui ne sera pas fait par les hommes. »
Ce n'est pas sur de tels propos que l'on peut bâtir une accusation. Caïphe va droit au but :
– Es-tu le Christ, le Fils de Dieu ? Réponds, je t'en adjure par le Dieu vivant !
Le lourd silence qui s'est installé, la tension qui pèse sur ces hommes, tout cela ne dure guère. Jésus confirme :
– Tu l'as dit, je le suis.
Voilà donc enfin, aux yeux de tous ces prêtres, le blasphème, c'est-à-dire l'offense absolue à Dieu. Caïphe n'en espérait pas tant. Il se lève et, théâtralement, déchire ses vêtements en signe de deuil. Il ne s'agit pas d'une improvisation. C'était l'usage quand on obtenait la preuve d'un blasphème.
Caïphe n'a plus besoin de rien. Il ordonne aux gardes d'emmener Jésus. Le procès peut commencer. C'est devant le Sanhédrin qu'il se déroulera.

LE RENIEMENT DE SAINT PIERRE
Lorsque la servante reconnaît Pierre, l'apôtre nie. Trois fois, il reniera son maître et ne s'en rendra compte qu'en entendant le coq chanter, comme Jésus le lui avait annoncé. Peinture du Pensionnaire de Saraceni (XVIIe siècle).

Tu me renieras trois fois

Après la panique qui a suivi l'arrestation de Jésus, quelques-uns des apôtres se sont ressaisis. Ils ont osé rentrer dans Jérusalem, ont appris que Jésus se trouvait chez le grand prêtre. Ils se sont glissés dans la cour du palais.
Il ne fait pas chaud, loin de là. Les valets ont allumé dans cette cour un grand feu. Jean et Pierre se sont approchés pour se chauffer.
Dans le cercle, une servante aperçoit Pierre. Elle le dévisage, intriguée. Tout à coup, elle lance :
– En voici un qui était avec le Nazaréen !

Maintenant, elle ne doute plus :
– Oui, tu étais avec Jésus de Galilée !
Voici donc que Pierre est devenu le point de mire. Il nie :
– Femme, je ne le connais pas. Je ne comprends même pas ce que tu veux dire !
Apeuré, il préfère quitter cette cour. Il se glisse dans le vestibule du palais. Là, une autre servante le reconnaît :
– En voilà un qui était certainement avec Jésus de Nazareth !
A ce moment précis, un coq chante. Pierre ne le remarque pas. Il préfère regagner la cour, se retrouve en butte aux soupçons des mêmes gens. Une fois encore, il nie :
– Non, vous dis-je, non ! Je ne connais pas du tout cet homme.
Et même, il le jure !
A l'intérieur, l'interrogatoire se poursuit. Une heure passe. Pierre croit l'incident oublié quand un des valets du grand prêtre, qui accompagnait les gardes au mont des Oliviers, l'aperçoit et profère de nouveau la terrible accusation :
– Ne t'ai-je pas vu dans le jardin avec lui ?
La peur tenaille Pierre :
– Non ! Non ! Je ne connais pas cet homme-là ! Je ne sais pas ce que vous voulez dire !
« A ce moment, dit l'Évangile, le coq chanta pour la seconde fois. » L'interrogatoire terminé, Jésus paraît dans la cour, étroitement tenu par les gardes, les mains toujours liées. Son regard croise celui de Pierre. Un bref instant. Mais quel instant !
Pierre regarde Jésus qui s'éloigne. Le désespoir envahit son cœur.
Comment le souvenir de la prédiction de Jésus n'aurait-il pas, à cet instant, traversé l'esprit de Pierre ? C'est donc vrai : il a renié trois fois son Maître. De cette cour, il s'enfuit à toutes jambes. Hors du palais, loin du monde, il s'arrête.
De longs sanglots le secouent.

Devine qui t'a frappé

Plus rien ne peut retenir les gardes. Puisque le grand prêtre a crié que cet homme-là avait blasphémé, on ne lui doit plus aucun ménagement.

Dans cette cour, après la fuite de Pierre, les gardes se sont arrêtés. Ils forment cercle autour de ce prisonnier sans défense. La valetaille les rejoint. On lui crache au visage, on l'injurie. Quelqu'un a une idée : pour mieux s'amuser de Jésus, il faut lui bander les yeux !
Les uns après les autres, ils viennent le gifler. A tour de bras. Et l'on rit, l'on se moque :
– Alors, toi, le Messie, devine qui t'a frappé !

JÉSUS AVILI
Le grand prêtre Caïphe a tranché. Il livre Jésus à la brutalité de ses gardes, qui injurient le prisonnier et le rouent de coups. Cette scène est ici imaginée par l'artiste français Martin Didier au XVIe siècle.

Devant le Sanhédrin

Dans une salle proche de l'entrée du Temple, devant le Sanhédrin réuni, on vient de pousser Jésus : avili, diminué par les coups déjà reçus, les crachats dont son habit est recouvert.
Cela se passe très vite :
– Si tu es le Christ, déclare-le-nous !
– Si je vous le dis, vous ne le croirez pas... Pourtant, désormais, le Fils de l'Homme siégera à droite de la Puissance de Dieu.
Des rangs des prêtres, jaillit une protestation scandalisée :
– Tu es donc le Fils de Dieu !
– *Je le suis.*
La réplique, c'est un cri unanime :
– Qu'avons-nous besoin encore de témoignage ?
C'est vrai. Une telle affirmation équivaut à une condamnation à mort. Il n'y a plus de temps à perdre : il faut conduire Jésus chez Pilate.

LE GOLGOTHA

Qui est-il donc, ce Ponce Pilate dont désormais va dépendre le destin de Jésus ?
Il s'agit de l'homme le plus puissant de Judée. Représentant personnel de l'empereur romain, il gouverne toute la province avec des pouvoirs presque illimités.
Pontius Pilatus – ainsi s'écrivait son nom en latin – est un chevalier romain. Il a été nommé par Tibère procurateur de Judée en l'an 26 de notre ère. Quatre ans avant que Jésus soit conduit devant lui.
Un historien juif de l'époque, Philon, ne l'aimait guère. Il le jugeait « cruel par nature, ne reculant devant rien, faisant partout régner l'orgueil, l'arrogance en même temps que la corruption ».
La vérité, c'est que la tâche de Ponce Pilate n'est pas facile : son autorité dépend de la confiance que Tibère lui garde. Si les Juifs le dénoncent à l'empereur, cette confiance risque d'être mise en péril et il perdra sa place. N'oubliez pas que le peuple juif se montre particulièrement difficile à gouverner. La présence sur trois trônes des fils d'Hérode le Grand complique encore le jeu. Et puis il y a ces débuts de révolte qui éclatent périodiquement et qu'il faut mater. Dans ces cas-là, Pilate n'y va pas de main morte. En l'an 36, lorsqu'il sera relevé de ses fonctions, on lui reprochera sa dureté.
Le fait qu'il ait été maintenu en Palestine pendant dix ans démontre néanmoins qu'il n'a pas connu que des échecs. Loin de là.

Double page précédente :
LES HEURES ULTIMES DE JÉSUS
C'est ce qu'exprime ce dessin, dominé par la vision de Jésus couronné d'épines. A droite, sous le regard impitoyable des prêtres et celui plein de doute de Pilate, Jésus est flagellé. Au centre, la foule se montre satisfaite : le Fils de l'Homme est maintenant promis à la mort. En haut à gauche, nous le voyons agoniser au calvaire. Descendu de la croix, une poignée de fidèles le portent au tombeau. Ainsi « tout est consommé ».

Mon royaume n'est pas de ce monde

Insupportables, décidément, ces Juifs. C'est ce que doit penser Pilate lorsque, si tôt le matin, il se voit obligé de sortir de son palais, cette forteresse que l'on appelle l'Antonia.
Il regarde, surpris, cette foule au comble de l'excitation qui entoure un prisonnier silencieux. Aucun signe de cette lâcheté que l'on voit en général chez les malfaiteurs. Au contraire, une dignité qui frappe le Romain.
Sa mauvaise humeur perce dans la première question qu'il adresse à cette foule :
– Quelle accusation portez-vous contre cet homme ?
Ils sont plusieurs à crier :

– Si ce n'était pas un criminel, nous ne te l'aurions pas livré !
Pilate comprend mal :
– Eh bien, prenez-le vous-mêmes et jugez-le selon votre Loi !
Impossible de dissimuler davantage ce que l'on attend du procurateur :
– Tu sais bien qu'il nous est défendu de mettre personne à mort !
C'est donc la mort de cet inconnu que l'on attend de lui. Mais pourquoi lui, Pilate, se plierait-il aux exigences de cette foule ? On ne lui a même pas dit ce qu'on reprochait au prisonnier.
Un discours à plusieurs voix, hargneux, volubile, cherche à l'éclairer :
– Il bouleverse notre nation, il défend de payer le tribut à César, il s'arroge le titre de roi !
Si ces accusations sont fondées, elles sont graves. Pilate veut en avoir le cœur net. Il quitte sans regret cette cohue vociférante, rentre dans son palais, s'arrête dans la cour et demande que le prisonnier lui soit amené.

Qu'est-ce que la vérité ?

Dans l'attitude de Pilate à l'égard du prisonnier, on découvre plus de curiosité que d'antipathie.
Comment comprendrait-il, le Romain, les griefs énoncés par ces Juifs qu'il connaît certes depuis longtemps, mais qu'il juge toujours aussi compliqués ?
Sans hostilité apparente, plutôt avec un léger amusement, il interroge :
– Est-il vrai que tu sois le roi des Juifs ?
Avant de répondre, Jésus veut savoir à qui s'en tenir :
– Cette question, la poses-tu de ta propre inspiration ou d'après ce que l'on t'a dit de moi ?
Pilate hausse les épaules :
– Est-ce que je suis juif, moi ?
Bonne manière de faire comprendre à Jésus que seuls les prêtres juifs l'ont informé de l'affaire.
– Ton peuple, tes prêtres veulent que je te juge. Qu'as-tu fait ?
Autant Jésus a montré, au Temple, de la réticence à répondre aux questions pièges qui lui étaient posées, autant il tient à

DÉCOUVERTE À CÉSARÉE
En 1961, des archéologues italiens, fouillant à Césarée et poursuivant le dégagement d'un théâtre antique, ont découvert un bloc de calcaire de 82 centimètres de haut. Il porte une inscription qui associe le nom de l'empereur Tibère et celui de Ponce Pilate (Pontius Pilatus). Cette découverte est d'une grande importance historique : aucune autre inscription de l'époque ne porte le nom du procurateur – ici désigné comme préfet (praefectus) – qui laissa crucifier Jésus.

s'expliquer devant ce Pilate qui, lui, paraît sincèrement désireux de le comprendre :
– Mon royaume n'est pas de ce monde, dit-il. Si mon royaume était de ce monde, mes partisans auraient combattu pour que je ne sois pas livré. A l'heure présente, mon royaume n'est pas ici-bas.
Je suis sûr que le front de Pilate a dû ici se creuser de rides et qu'il a froncé les sourcils : tout cela lui paraît bien mystérieux !
Il insiste :
– Tu es donc roi ?
– Oui, tu l'as dit : je suis roi.
Devant l'incompréhension évidente de Pilate, Jésus tient à aller jusqu'au bout de sa pensée :
– Je suis né, je suis venu dans le monde pour rendre témoignage à la vérité.
Ce mot de *vérité* frappe Pilate.
– Qu'est-ce que la vérité ? demande-t-il, désabusé.
On sent que, comme bien d'autres, il l'a cherchée, cette vérité, mais ne l'a pas trouvée.
Il estime en savoir assez sur ce Jésus. Il s'avance sur le seuil du palais, fait face à la foule avide :
– Je ne trouve rien de criminel en cet homme !
Une volée de protestations, voilà ce à quoi il a droit. Il a du mal à discerner le sens de toutes ces interpellations. Un mot revient pourtant à plusieurs reprises : Galiléen. Quoi ?
Une idée traverse tout à coup l'esprit de Pilate : le tétrarque de Galilée, Hérode, se trouve précisément à Jérusalem où il s'est rendu pour la Pâque. Voilà une façon ingénieuse de se débarrasser de ce Juif dont il n'a que faire ! Son verdict tombe, imprévu mais parfaitement clair : envoyez votre homme à Hérode. C'est lui que cela regarde.

De Pilate à Hérode

La journée s'avance. Les rues sont encombrées de ces pèlerins en grappes qui, par dizaines de milliers, sont accourus pour la Pâque. Que de regards effarés quand on reconnaît ce prisonnier serré de près par les gardes, flanqué de ces prêtres vigilants, haineux, qui ne le quittent pas d'une semelle ! Quoi ! C'est Jésus de Nazareth ? Celui-là même que l'on acclamait cinq jours plus tôt ?

De l'Antonia, forteresse collée au Temple, il faut, pour gagner le palais d'Hérode, traverser la ville de part en part, franchir la vallée du Tyropéon, passer devant le palais des Asmonéens : un kilomètre environ à parcourir en fendant la multitude qui, elle, se dirige à contre-courant vers le Temple.

Voici enfin les colonnes – on en admire la richesse – du palais d'Hérode. Les gardes y poussent Jésus. Un instant plus tard, il est en présence du tétrarque.

Loin d'accueillir le prisonnier avec hostilité et dureté, Hérode lui montre bon visage. « Hérode eut un grand plaisir à le voir, dit Luc, car il désirait depuis longtemps le rencontrer, ayant beaucoup entendu parler de lui. » Le tétrarque espère même vaguement que Jésus lui accordera la faveur d'un prodige de sa façon...

Déception : au flot de paroles dont Hérode l'assaille, Jésus ne répond que par un mutisme absolu.

Hérode se lasse. Que ferait-il de cet individu qui se refuse à tout dialogue ? Autour de lui monte le cri multiplié des prêtres et des scribes : Jésus mérite la mort ! Tu dois le condamner ! Hâte-toi !

Que faire ? Au fond, Pilate lui a joué un mauvais tour. Pourquoi ne pas lui rendre la pareille ?

– Renvoyez-le à Pilate, dit Hérode.

Pour que la plaisanterie soit parfaite, il fait apporter une robe quasi royale, d'un rouge éclatant, ordonne qu'on en revête Jésus. Les gardes s'esclaffent. Ils poussent devant eux ce prisonnier devenu un sujet de dérision. Il y a dix heures que cela dure. Pour la quatrième fois depuis l'aube, Jésus va traverser Jérusalem.

LE DERNIER JOUR DE JÉSUS

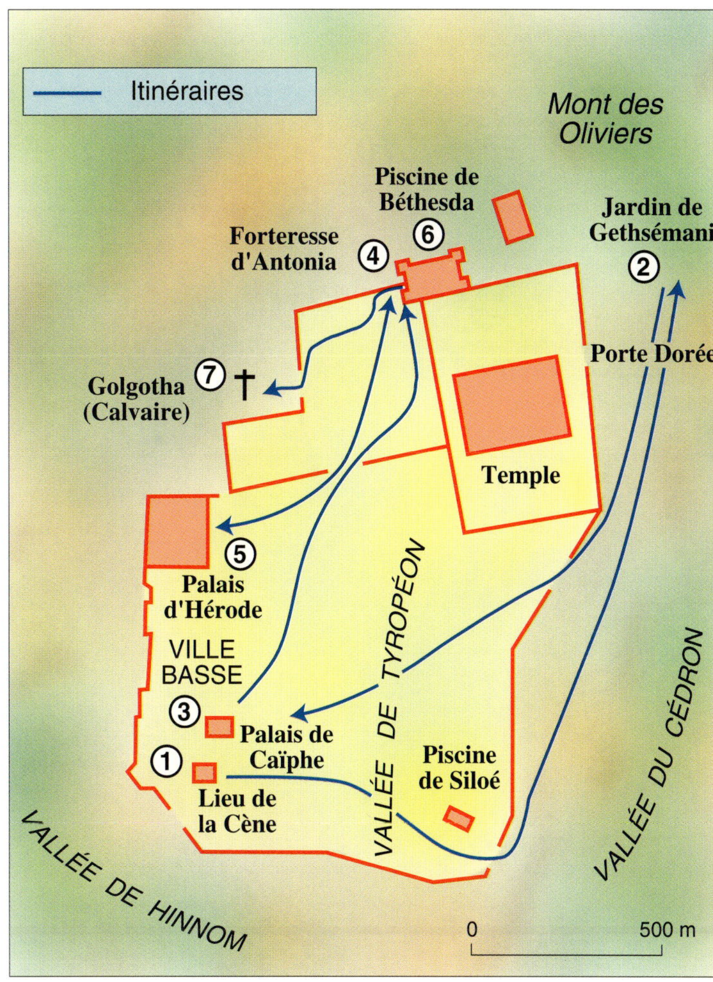

Il chancelle sous les bourrades, baisse la tête sous les quolibets. Il marche, escorté du même cortège furieux et hurlant. Direction : l'Antonia.

Jésus ou Barabbas ?

LA CHAISE CURULE
C'est sur un siège de ce genre que Pilate, pour dialoguer avec la foule à propos de Jésus, est venu s'asseoir. Seuls de hauts personnages avaient le droit de l'utiliser.

Les princes des prêtres, les magistrats, le peuple se bousculent autour de l'estrade où, sur la *chaise curule* – un siège d'ivoire réservé à certains magistrats romains –, Pilate est venu prendre place. Entre la foule et lui : Jésus, seul.
Songez que, depuis son arrestation au mont des Oliviers, il n'a pas eu un seul instant le droit de s'asseoir.
– Vous m'avez conduit cet homme que vous accusez d'avoir appelé à la révolte, dit Pilate. Je l'ai interrogé et n'ai trouvé la preuve de rien qui mérite la mort. Je vais donc le relâcher après l'avoir fait châtier.
Châtier ? Oui. Ce Jésus n'est pas un rebelle mais il n'en a pas moins suscité des troubles. Cela ne mérite certainement pas la peine capitale, mais pourquoi pas quelques coups de fouet ?
Décidément, Pilate ne veut pas la mort de Jésus. Il le prouve : une tradition, pour la Pâque, veut que le procurateur gracie un condamné. On garde en prison un certain Barabbas, désigné par les autorités comme un « bandit » et qui est probablement un zélote : au cours d'une tentative de sédition, il a tué un homme. Une nouvelle idée vient à Pilate. Il élève la voix pour être entendu de tous :
– Qui voulez-vous que je vous délivre ? Barabbas ou Jésus ?
Il en est convaincu : entre un meurtrier et cet homme qui n'a pas de sang sur les mains, on va choisir Jésus.
Mais la foule, soigneusement travaillée par les prêtres, hurle :
– Barabbas, Barabbas !
Allons, il est dit que Pilate ne parviendra pas à sauver Jésus. Contrarié, maussade, il pose une nouvelle question :
– Que voulez-vous donc que je fasse de celui que vous appelez le roi des Juifs ?
– Crucifie-le ! Crucifie-le !

Judas : remords et désespoir

Dans l'ombre, un homme au comble de l'angoisse a suivi avidement ces événements. C'est Judas.

D'heure en heure, son espoir fou de voir Jésus se transfigurer, se présenter aux foules juives et aux légions romaines dans tout l'appareil de gloire que l'on pouvait attendre du Fils de Dieu, cet espoir n'a cessé de s'amenuiser.

Quand Jésus a été conduit devant le Sanhédrin, Judas a cru encore que Jésus ferait tout à coup tomber ses liens, qu'il s'envelopperait d'une lumière insoutenable, que sa voix tonnerait, que les prêtres, figés par la terreur, se prosterneraient devant lui, que les épées des légionnaires romains fondraient entre leurs mains, que Caïphe et Pilate eux-mêmes se rangeraient, pleins de stupeur et d'humilité, aux ordres de Dieu descendu sur terre.

Or, ce qui attend le fils de Marie, c'est la mort, le pire et le plus infamant des supplices : la croix.

Cela à cause de lui, Judas ! Par sa trahison ! Les trente deniers qu'il a reçus lui brûlent les doigts. Il court au palais de Caïphe, jette les pièces maudites aux pieds des prêtres. Il sanglote, il hurle :

– J'ai péché en livrant le sang innocent !

Les autres se moquent de lui :

JÉSUS QUITTE LA RÉSIDENCE DE PILATE
Un grand peintre du XIXe siècle, Gustave Doré, a interprété à sa façon cet épisode. A l'inverse des artistes précédents, il s'est appliqué à reconstituer le véritable cadre historique de l'époque.

– Que nous importe ? Cela te regarde !
Judas part en courant. Il s'enfuit, éperdu, écrasé de remords. Il sort de la ville.
Devant lui, un arbre. Il s'arrête, ôte sa ceinture, l'attache à la plus haute branche. Il se hisse jusque-là, passe la ceinture autour de son cou.
Il se jette dans le vide.
Quelque temps plus tard, des passants découvriront son cadavre. Il avait oublié, ce disciple de Jésus, le grand enseignement de son maître : qu'un pécheur, quelle qu'ait été la gravité de son crime, peut toujours, si son repentir est sincère, être pardonné.

Et il fut flagellé

« Je le ferai châtier », a dit Pilate. Ce châtiment, selon la tradition de Rome aussi bien que celle d'Israël, c'est le fouet. Pilate a-t-il cru que les prêtres se contenteraient de cette punition cruelle ? La flagellation précède obligatoirement toute mise à mort.
Brutalement, on arrache à Jésus ses vêtements. On l'attache par les poignets à une colonne ou à un mur, les bras tirés vers le haut.
L'instrument du supplice ? Le *flagellum*, un fouet à manche court auquel sont attachées des lanières longues et épaisses. Pour que les coups soient plus douloureux, pour qu'ils déchirent mieux la peau et la chair, on attache aux extrémités de ces lanières des balles de plomb ou des osselets de mouton.
Et les coups s'abattent sur Jésus. Selon la Loi juive, ils ne doivent pas dépasser le nombre de quarante. Le droit romain ne fixe aucune limite : il faut simplement veiller à conserver vivant le condamné.
Il arrive néanmoins, dit le poète latin Horace, que le supplicié soit « déchiré par les fouets à en dégoûter le bourreau ».
Les coups ont commencé à entamer son dos, ses hanches, sa nuque. Chaque fois que le fouet s'abat, une douleur fulgurante assaille le supplicié. La douleur – selon le témoignage d'un homme qui eut à subir cette peine – « part du cou, descend jusqu'à l'extrémité des orteils, irradie jusqu'aux ongles des doigts, traverse le cœur comme si l'on avait planté un couteau

dans le corps... L'intervalle entre les coups est d'une longueur angoissante... Le sang monte à la bouche, jaillissant des poumons ou de quelque organe interne déchiré par les contractures provoquées par l'atroce douleur... ».
Tout cela, *l'homme Jésus* le subit. Le même qui, quelques heures plus tôt, suppliait son Père d'éloigner de lui ce calice.
Le pire, peut-être, c'est que cette horreur s'accompagne non seulement de l'indifférence de la populace, mais de sa joie.
Le nombre obligé de coups est atteint – enfin ! Le bourreau abaisse pour la dernière fois son bras lassé.
On détache Jésus. Il titube. « *Mon Père, mon Père...* » Autour de lui, sur le dallage, les gouttes de sang forment peu à peu une flaque.
Va-t-on un seul instant le laisser en paix ? Mais non. Quelqu'un s'écrie tout à coup que, s'il est le roi des Juifs, il lui faut une couronne ! Une couronne ? Un fagot de branches épineuses maintenu en cercle par des joncs tordus fera l'affaire. On la lui enfonce sur la tête à coups de bâton. Les épines déchirent la peau du crâne.
Le sang coule en longues traînées sur la face défigurée par la souffrance. Il jaillit sur ce dos qui n'est plus qu'une plaie, une bouillie de chair sanguinolente.

JÉSUS EST FOUETTÉ
Cette miniature du XVe siècle provient d'un livre d'heures, c'est-à-dire d'un ouvrage où le chrétien pratiquant pouvait trouver le texte des offices, des prières et des pensées pour toutes les heures de sa vie.

Voici l'homme

Pilate s'avance vers la foule toujours massée à l'extérieur de l'Antonia. Il ordonne qu'on fasse avancer Jésus. On le traîne, on le pousse, titubant, jusqu'à lui. Le procurateur le montre à la foule et il dit :
– Voici l'homme !
En latin, cela se dit : *Ecce homo*.

Je vous conseille de retenir ces deux mots. Ils figurent parmi les plus célèbres de l'Histoire.
L'image offerte de cet homme à demi nu, couvert de sang, au-delà de toutes les douleurs, est si affligeante, si pitoyable que Pilate peut croire encore que la foule fera taire sa haine. En disant : « Voici l'homme », il a voulu signifier : Voyez, à cause de vous, ce que l'on a fait de lui.
Quelle erreur ! Une clameur lui répond :
– Crucifie-le ! Crucifie-le !
Que pourrait-il tenter de plus ? Il lance, mécontent de la foule peut-être autant que de lui-même :
– Alors, crucifiez-le vous-mêmes !
Pilate se retourne vers Jésus. De plus en plus, il ressent cet homme-là comme une énigme. Comment ces prêtres et ces scribes aux traits grimaçants peuvent-ils lui reprocher de se prétendre roi des Juifs ? Et comment ce pauvre hère peut-il affirmer qu'il est le fils de Dieu ?
Longuement, le procurateur cherche, dans les yeux de Jésus, à lire le secret de tout cela. Au-delà des traces de coups, au-delà du sang qui coule, ce qui le trouble, c'est ce regard si assuré, si noble : celui d'un être dont rien n'a entamé les certitudes. Quand il disait : « Je suis la vérité », voulait-il vraiment parler de la vérité de Dieu ?
La question que Pilate va alors poser à Jésus est très extraordinaire. Jugez-en :
– *D'où es-tu ?* demande-t-il.

LA FOULE HURLAIT
Cette peinture du XVe siècle est due à Quentin Metsys. On y sent toute la haine qu'une certaine foule manifesta à Jésus avant et après sa condamnation. A Pilate qui ne parvenait pas à comprendre leurs griefs contre Jésus, ces gens répondaient: « Crucifie-le ! »

La dernière tentative de Pilate

Ceux qui ont entendu Pilate ont cru qu'il ne voulait que s'assurer de l'identité du prisonnier, savoir si Jésus était originaire de Nazareth ou de Bethléem. Ne croyez-vous pas plutôt que Pilate – l'espace d'un instant seulement – a dû se demander si l'homme qui était devant lui appartenait bien à notre monde ?
– *D'où es-tu ?*

Pas de réponse. Pilate s'irrite et s'attriste en même temps. Cet homme ne veut-il pas comprendre qu'il va mourir, qu'il ne lui reste qu'un seul recours, un seul défenseur : lui, Pilate ? Il insiste :
– Tu ne veux donc pas me parler ! Ne sais-tu pas que moi seul ai autorité pour te libérer ? Que je puis, si je le veux, te condamner à être crucifié ?
Aucune crainte sur ce visage qui se tourne vers lui. Aucun orgueil non plus, mais une incroyable noblesse. Et le ton de ce prisonnier qui répond est celui, non d'un esclave qu'on vient de fouetter, mais d'un maître :
– Tu n'aurais aucune puissance sur moi si elle ne t'avait été donnée d'en haut !
Non seulement Jésus ne saisit pas la branche fragile que lui tend Pilate, mais c'est une leçon qu'il lui donne.

Nous n'avons d'autre roi que César !

Comment le procurateur pourrait-il concevoir que Jésus *veut* mourir ? Il le veut parce qu'il le *doit*. Parce qu'il est écrit qu'il donnera sa vie pour tous ceux que leur faiblesse ou leur oubli a poussés à faire le mal. Parce que son sang répandu sera offert en sacrifice afin de sauver le monde.
C'est cette certitude qui illumine le regard de Jésus. C'est elle qui est à l'origine des obsédantes questions que se pose Pilate.
La foule va se charger de couper court aux états d'âme du procurateur. Avec plus de hargne encore, elle hurle toujours :
– Crucifie-le ! Crucifie-le !
Une ultime tentative de Pilate :
– Crucifierai-je votre roi ?
Des voix tonnent qui réduisent l'argument à néant :
– Nous n'avons d'autre roi que César !
Que d'habileté dans cette réponse ! Elle rappelle tout à coup à Pilate la mission qu'il tient de l'empereur et les dangers qu'il peut courir. Ces Juifs ne veulent pas reconnaître un roi en Jésus parce qu'ils se proclament sujets de Tibère ! Pilate peut-il refuser de leur donner raison sans s'exposer à passer pour un traître aux yeux de Rome ?
Alors, dit l'Évangile, Pilate « leur livra Jésus pour qu'on le crucifiât ».

Il se fait apporter un bassin rempli d'eau, y plonge les mains et longuement les lave. Il s'écrie :

– Je suis innocent du sang de ce juste !

Depuis ce jour, l'expression « s'en laver les mains » signifie que l'on refuse de s'associer à un acte que l'on réprouve et dont on ne se sent pas responsable.

PILATE SE LAVE LES MAINS
Renonçant à sauver Jésus, il dira : « Je suis innocent du sang de ce juste ! » Depuis des siècles, Pilate reste un personnage controversé. L'Église éthiopienne a même fait de lui un saint ! Cependant, les écrivains juifs de l'époque se sont montrés fort sévères à son égard.

A l'ombre de la croix

Ne croyez pas que le supplice auquel Jésus vient d'être condamné soit exceptionnel. Le monde romain vit à l'ombre de la croix. La crucifixion est le supplice des déserteurs, des voleurs, des rebelles, des esclaves.
Après la révolte des esclaves en Italie du Sud, celle qu'a conduite Spartacus, on a dressé au long de la route de Capoue à Rome six mille croix ! Quand les Romains, en l'an 70, s'empareront de Jérusalem, ils crucifieront jusqu'à cinq cents Juifs par jour !
A Jésus, on a rendu ses vêtements, sa tunique qui, vite, se teintera de sang. Maintenant la croix l'attend. Cette croix que la Loi l'oblige à porter.
Comme moi, vous avez admiré ces tableaux, peints au long de tant de siècles, qui nous montrent Jésus portant sa croix, tout entière, sur l'épaule. Erreur. Une telle croix aurait pesé si lourd – cent à cent cinquante kilos – qu'un homme seul aurait à peine pu la soulever.
Ce que les condamnés devaient traîner avec eux n'était que l'une des barres de la croix : la barre horizontale – appelée *patibulum* – que l'on fixait, au moment de l'exécution, sur la barre verticale – *stipes* – qui, elle, restait toujours plantée en terre au lieu habituel du supplice.
Cette poutre, ce patibulum, d'un poids de cinquante kilos environ, il est d'usage que le condamné la porte, tantôt sur la nuque, tantôt sur l'épaule.
Ira-t-il jusqu'au bout, Jésus ? Cinquante kilos sur ce corps qui a perdu tant de sang, sur ces épaules déchirées par le fouet. Cinquante kilos sur ces pieds nus dans lesquels s'incrustent pierres et cailloux...

La marche au Calvaire

Nous sommes à « la sixième heure », écrit Jean. Donc entre onze heures et midi. L'heure est venue pour Jésus de marcher au supplice. Le cortège quitte l'Antonia.
En tête, voici le centurion, revêtu d'une cuirasse d'écailles. Derrière lui, les soldats, sous leur cotte de mailles, encadrent non seulement Jésus, mais deux autres condamnés qui ploient,

eux aussi, sous le patibulum : des voleurs coupables d'une attaque à main armée.
Au dernier moment, on les a tirés de leur prison pour les envoyer avec Jésus au supplice : les exécutions en groupe étaient habituelles.
Tout au long du parcours, les légionnaires romains sous leur casque brillant, enveloppés de leur chlamyde rouge, assurent le service d'ordre, refoulant la foule juive quand elle veut s'avancer pour mieux voir. « Une grande foule de peuple », dit Luc. Ceux qui ont crié « Crucifie-le ! », bien sûr. Des curieux. Ceux aussi qui gardent le souvenir du dimanche des Rameaux et du grand espoir levé ce jour-là : quelle déception ! Et puis les amis, quelques-uns des apôtres, désespérés, brisés.
Parmi eux, il y a Jean. Le plus aimé.
Et puis des femmes.

Marie était là

Parmi ces femmes il y a Marie. La mère de Jésus.
Voyez-la, Marie, secouée de sanglots, perdue dans cette foule, escortée par les insultes et – pis encore – les moqueries lancées à l'adresse du malheureux qui, à chaque pas, bute, glisse, s'efforce de tenir sa poutre en équilibre, tandis que son souffle, d'instant en instant, se fait plus rauque. Et cet homme est son fils !
L'a-t-il vue, lui, cependant qu'il s'avançait, cherchant sa route dans un brouillard de sang ?
A-t-il deviné, près de sa mère, l'une de ses tantes qui, ne pouvant supporter l'idée de voir sa sœur exposée seule à une aussi effroyable épreuve, a tenu à l'accompagner ? Et l'autre Marie, épouse de son disciple Clopas ? Et Marie-Madeleine, la pécheresse, venue à la dernière heure apporter à Jésus le témoignage de son éternelle reconnaissance ?

Par trois fois il tombe

On n'exécute jamais à l'intérieur des murs de Jérusalem. C'est au pied de la colline du Gareb, au nord-ouest de la ville, quelques pas après avoir franchi la porte d'Ephraïm, que l'on met à mort les condamnés.

LE CHRIST PORTANT SA CROIX
Le peintre Solario l'a vu ainsi sortant de l'Antonia. Il s'agit d'une croix entière alors que les crucifiés, en réalité, ne portaient que la poutre transversale jusqu'au lieu du supplice.

LES ÉTAPES ULTIMES DE LA VIE DE JÉSUS
Le lecteur pourra considérer ce tableau comme l'une des premières « bandes dessinées » de l'histoire. L'auteur est un artiste de génie, le Flamand Hans Memling qui vivait à Bruges au XV*e siècle. Toutes les étapes traversées par Jésus dans ses derniers jours et ses dernières heures figurent sur cette toile, depuis le jour des Rameaux et de la Cène (en haut à gauche) jusqu'à la mise en croix (en haut à droite), décomposée en plusieurs épisodes. Cherchez bien : tout ce qui est raconté dans ce chapitre est renfermé dans l'œuvre de Memling où le talent s'associe à la minutie la plus extrême.*

Ce lieu, on le désigne par le mot araméen *Golgotha*, ce qui se traduit par « crâne » : la butte est en effet « nue comme un crâne dégarni ». En latin, cela se dit *calvarius*, dont nous avons fait « calvaire ».
Pour rejoindre le Golgotha, Jésus va devoir parcourir à peu près six cents mètres.
Peut-être cette distance, à première vue, va-t-elle vous paraître relativement courte. Réfléchissez que *chaque mètre* s'est révélé pour Jésus une insupportable épreuve.
Ses forces, de minute en minute, l'abandonnent. Et il faut marcher, suivre les soldats qui s'impatientent, s'exaspèrent et, en fait d'assistance, ne lui adressent que de nouvelles injures et ne lui administrent que des bourrades.
C'est trop. Il est à bout. Son pied heurte un pavé. Lâchant sa poutre, il tombe de tout son poids.
Et ce sont, de la part des soldats, des cris de colère, des reproches comme s'il l'avait fait exprès ! Et, dans la foule, le cri de sa mère qui peut-être a voulu s'élancer, que sa sœur ou Jean ont dû retenir.
Et Jésus que l'on remet sur ses pieds : avec quelle rudesse ! Et la poutre hissée de nouveau sur ses épaules : avec quelle brutalité ! Et la marche qui reprend. Deux fois encore il tombera. A la troisième, la soldatesque prend conscience que, si on ne l'aide pas, il n'ira pas plus loin. On réquisitionne un passant, un certain Simon de Cyrène, pour l'aider à porter sa poutre, franchir la porte d'Ephraïm, gravir la pente du Golgotha.

Ils prirent ses habits

Là, sous le ciel gris, le stipes, droit et solide, se dessine. Il n'est pas très haut. Cela en vertu d'une nécessité que vous comprendrez aisément : les bourreaux doivent déposer le patibulum sur le stipes qui, par conséquent, ne saurait dépasser un peu plus de deux mètres.
Le voilà donc, Jésus, au terme de son chemin terrestre. A l'instant où va commencer cet autre supplice – abominable – qui va le faire accéder à la mort.
Les bourreaux lui présentent du vin mêlé de myrrhe : traditionnellement on agit ainsi avec les condamnés.

Jésus refuse. Il *doit* refuser.
Brutalement, on le dépouille de ses vêtements. Ce faisant, on arrache l'étoffe des plaies auxquelles elle était collée. Nouvelle souffrance.
La loi romaine est formelle : les habits du supplicié appartiennent aux bourreaux. « Ils prirent ses habits, dit Jean, en firent quatre parts, une pour chacun d'entre eux. Et aussi sa tunique ; c'était une tunique sans couture, d'un seul tissu, depuis le haut jusqu'en bas. Ils se dirent donc entre eux : Ne la déchirons pas, tirons-la au sort. »

Une douleur atroce, fulgurante

Le voici allongé sur le sol, au pied du stipes, les épaules couchées sur le patibulum. Vite, avec des gestes dont la précision est née de l'expérience, les bourreaux lui allongent un bras, ils étendent la main à plat sur le bois, la paume à l'extérieur. Un clou, un long clou carré et pointu, posé sur le poignet. Un coup de marteau. Une douleur atroce, fulgurante. D'autres coups. La main est fichée dans le bois.
L'autre bras, l'autre main, l'autre poignet. Une douleur identique.
C'est en effet – malgré les innombrables erreurs des peintres – le *poignet* que l'on clouait sur le patibulum. Des expériences réalisées avec des cadavres ont démontré que la paume n'offre pas assez de résistance pour supporter le poids d'un corps. Chaque fois que l'on a voulu fixer sur une croix un cadavre par les paumes, celles-ci se sont déchirées.
Il n'en a pas été de même quand on a enfoncé le clou dans le poignet, plus précisément dans le *carpe*.
Sachez encore que, lorsqu'on enfonce un clou dans le carpe, un nerf particulièrement sensible est touché. Affreuse, la douleur. Pourtant, sur l'ordre qui lui est donné, il faut que Jésus se redresse. Il lui faut collaborer avec les bourreaux, s'aider pour les aider, tandis qu'ils hissent le patibulum le long du stipes et que, dans un dernier effort, ils le soulèvent et le fixent.

LA CRUCIFIXION
L'intense réalisme de cette œuvre de Matthias Grünewald, peinte à la fin du XVIe siècle, accentue le drame de cet épisode. Au pied de la croix, on reconnaît Marie, la mère de Jésus, une autre Marie, femme de l'un de ses disciples, Jean, l'apôtre, mais aussi un soldat d'Hérode.

Le corps, dans le vide, n'est soutenu que par les clous plantés dans les poignets. Il faut maintenant clouer les pieds. On les place bien à plat, le pied droit sur le bois, le pied gauche sur le droit. Un seul clou suffit pour les deux pieds.
Voilà. On a fait de Jésus un crucifié.
Pour achever leur tâche et obéir aux ordres de Pilate, les bourreaux clouent au sommet du stipes un écriteau qui porte cette inscription en trois langues (hébreu, latin et grec) : *Jésus le Nazaréen, roi des Juifs*.

Mourir sur la croix

Les deux voleurs ont eu droit au même traitement. Ils sont en croix de part et d'autre de Jésus.
Trois corps qui pendent à des croix identiques. Trois corps attachés aux mêmes clous, traversés par les mêmes insupportables souffrances.
Comprenez bien ceci : un homme, pendu par les mains, sent ses avant-bras, puis ses bras, puis son tronc se contracter de plus en plus, jusqu'au moment où les muscles deviennent si durs qu'ils ne peuvent plus exécuter leur tâche habituelle. C'est le cas des muscles de la poitrine qui, en permettant l'inspiration et l'expiration, produisent la respiration.
Très vite, chez un homme crucifié, les poumons s'emplissent d'air qu'ils ne peuvent rejeter.
Pour reprendre haleine, le supplicié se hausse sur le clou dont ses pieds sont percés. Ses muscles retrouvent alors une certaine souplesse. Il aspire une bouffée d'air. Mais, rapidement, la douleur ressentie aux pieds se révèle intolérable. Le malheureux demande de nouveau à ses

poignets torturés de supporter le poids de son corps. Jusqu'au moment où l'asphyxie envahissante le contraint à se hausser de nouveau sur la plaie de ses pieds.
La mort? Elle intervient au moment où, trop faible, le crucifié se trouvera dans l'impossibilité de prendre appui sur le clou qui traverse ses pieds.
Si elle tarde, cette mort, les soldats qui veillent autour de la croix rompent les jambes du supplicié. De la sorte, ils lui ôtent tout point d'appui.
Alors, très vite, le crucifié cesse de vivre.

Trois croix sur le bord de la route

Depuis trois heures, Jésus halète. Il cherche éperdument à retrouver le souffle qui sans cesse le fuit.
Depuis trois heures, Jésus attend cette mort qui, le délivrant de son enveloppe charnelle, le conduira auprès de son Père. Depuis des mois, il parle à ses disciples de ce Père qu'il va bientôt rejoindre. Comment ces mots sacrés ne viendraient-ils pas rythmer son effort : « *Mon Père, mon Père !* »
Il se hausse sur son clou, tente de respirer, retombe : « *Mon Père, mon Père !* » Nul ne l'entend. Les mots ne parviennent même pas à franchir ses lèvres desséchées.
Je ne me hasarderai pas à imaginer le prodigieux dialogue qu'il a dû engager en esprit avec ce Père avec lequel il est assuré de bientôt se fondre.
Un tel dialogue aurait exigé un recueillement, une solitude dignes de l'incomparable grandeur du moment.
C'est le contraire qui se produit.

Comme à une partie de campagne

Là, à quelques mètres devant Jésus, passe la route de Jaffa. Elle est extrêmement fréquentée, surtout en ce temps de Pâque. Ce que, du haut de sa croix, aperçoit Jésus, c'est un va-et-vient de voyageurs et de pèlerins. La plupart à pied, certains montés sur des ânes, quelques-uns à cheval.
S'arrêtent-ils? Adressent-ils un regard, une pensée de pitié à celui qui souffre mille morts devant eux? Pas même. De la

LE CALVAIRE
Le peintre Andrea Mantegna nous rappelle la présence des deux bandits condamnés au même supplice que Jésus. Le premier ne comprend pas que cet homme que l'on dit si puissant ne puisse pas les sauver tous. Le second, que la tradition appelle « le bon larron », reconnaît l'injustice qui frappe Jésus : « Lui n'a rien fait de mal. » Il met toute sa confiance en lui et c'est cela qui le sauve.

curiosité, c'est tout. A la rigueur, une légère commisération, celle que nous réservons aux accidentés entrevus parfois sur l'autoroute.
Déjà, voilà qui est motif à désespoir. Que dire alors de ceux qui vont et viennent autour de la croix, de ceux qui, assis à terre, conversent et badinent comme s'ils s'étaient rendus à une partie de campagne ?
Il les a regardés, Jésus, ces badauds avides de sensations que l'on voit à toutes les exécutions. Ses yeux se sont posés sur ces prêtres accourus pour s'assurer que le Nazaréen détesté n'allait pas échapper à la mort. Il a dû supporter le spectacle de ces

soldats qui boivent, mangent, jouent aux dés, échangent entre eux de lourdes plaisanteries.
Souffrir en public. Mourir en public. Rencontrer une aussi scandaleuse indifférence. Éprouver la curiosité de ces nouveaux arrivants qui se font expliquer pourquoi cet homme a été condamné et qui, découvrant qui il est, l'interpellent en riant :
– Hé ! toi qui détruis le Temple et devais le rebâtir en trois jours, sauve-toi donc toi-même ! Descends de la croix !
Si, pour échapper à cette foule immonde, Jésus a voulu regarder ailleurs, c'est un petit groupe qu'il a aperçu. Son âme, loin d'y trouver une consolation, a dû s'en désespérer davantage.
Au milieu de ces quelques hommes, de ces quelques femmes, il a découvert Marie.
Sa mère venue le voir mourir. Sa mère qui défaille. Sa mère qui prie, éperdument. Sa mère qui pleure.

Père, pourquoi m'as-tu abandonné ?

Depuis trois heures, il agonise. Trois fois, il parvient – au prix de quels efforts ! – à proférer quelques mots.
Il regarde cette foule qui rit de sa souffrance, qui s'amuse de son angoisse. Et ce sont des paroles d'indulgence, d'amour, qu'il laisse entendre :
– Père, pardonne-leur, car ils ne savent pas ce qu'ils font...
De nouveau il lutte contre l'asphyxie. Surprise : c'est de l'une des croix voisines que tombent d'autres paroles. L'un des bandits s'adresse à Jésus en ricanant :
– Puisque tu es le Christ, sauve-toi et sauve-nous !
Outré, l'autre voleur répond vertement à ce « collègue » :
– Pour nous, c'est justice, nous payons nos crimes ! Mais lui il n'a rien fait de mal !
Et, tâchant de se tourner vers Jésus :
– Seigneur, quand tu seras parvenu dans ton royaume, souviens-toi de moi !
La voix oppressée de Jésus :
– Je te le dis en vérité, aujourd'hui même tu seras avec moi, au Paradis.
Bravant la brutalité des soldats, un jeune homme et trois femmes s'approchent de la croix : Jean, l'apôtre, « le disciple

qu'il aimait ». Et Marie-Madeleine. Et l'épouse de Clopas. Et sa mère. Oui, Marie !

Ainsi elle a eu l'héroïsme de venir jusqu'au pied de la croix, recueillir les derniers mots, les derniers gestes, le dernier souffle de son fils.

Il les mêle, elle et Jean, dans le même amour. Il dit à Marie en lui montrant Jean :

– Femme, voici ton fils.

Et à Jean :

– Voici ta mère.

Il les a confiés l'un à l'autre. Depuis ce jour, Marie habitera chez Jean. C'est chez lui qu'elle mourra.

Pour la dernière fois, Jésus a tiré sur ses poignets saignants. Et il a crié vers le ciel ces paroles qui nous le rendent si profondément humain :

– Mon Père, mon Père, pourquoi m'as-tu abandonné ?

Un peu plus tard :

– J'ai soif...

Un soldat apitoyé s'en va imprégner une éponge de cette eau vinaigrée qui constitue la boisson ordinaire des légionnaires romains. Il la pique au bout d'une lance et la porte aux lèvres de Jésus.

Une bouffée d'air, de cet air chaque fois si douloureusement conquis. Il murmure :

– Tout est consommé !

De nouveau un grand cri. Le dernier. Le corps, comme disloqué, est retombé.

Et la terre trembla

Il est environ trois heures de l'après-midi. Depuis midi, d'épais nuages noirs se sont abattus sur Jérusalem, occultant les rayons du soleil. A l'instant même où Jésus vient de rendre l'âme, ces nuages s'épaississent encore, plongeant la ville dans ce que les évangélistes appellent des « ténèbres ». Au Temple, les prêtres et les fidèles voient tout à coup se déchirer le rideau qui obture l'entrée du « Saint des Saints », ce lieu interdit au commun des mortels.

Au même moment, dans toute la région de Jérusalem, révèle l'apôtre Matthieu, « la terre trembla, les rochers se fendirent ».

Au Calvaire, au milieu de cette nuit tombée si soudainement, les soldats sentent le sol remuer sous leurs pas.
Un tremblement de terre? Sans doute. Mais pourquoi se produit-il à l'heure même où Jésus vient de mourir?
Pétrifié, comme figé sur place, le centurion qui commande le détachement romain contemple le cadavre de l'homme mystérieux. Ce Jésus dont, avec les soldats, il s'est tant moqué. Bouleversé, il murmure :
– En vérité, cet homme était le Fils de Dieu!
Les deux voleurs, eux, agonisent toujours.
L'après-midi du vendredi s'avance. Bientôt s'annoncera l'heure du sabbat. Alors tout s'arrêtera en terre d'Israël. Plus question de détacher un mort de sa croix, de l'ensevelir, de le porter au tombeau.
Au Temple, les prêtres ne savent pas encore que Jésus est mort, mais ils s'inquiètent : qu'arrivera-t-il s'il vit toujours au moment du sabbat? Ils se précipitent chez Pilate dont la patience est exposée à une nouvelle épreuve. Les prêtres l'adjurent de faire vite et de hâter la mort des condamnés du Golgotha.
Décidément résigné à céder à toutes les exigences des Juifs, Pilate ordonne que l'on brise les jambes des hommes en croix : le procédé infaillible dont on use en pareil cas.
Un messager galope jusqu'au Calvaire, transmet l'ordre du procurateur. Armés d'une barre de fer, les soldats se mettent en devoir d'obéir. Il ne faut que quelques minutes aux voleurs pour passer de vie à trépas.
Parvenus devant Jésus, les soldats constatent, étonnés, qu'il est déjà mort. A quoi bon lui briser les jambes? Pour que le décès ne puisse être mis en doute par personne, l'un des Romains se borne à lui transpercer le flanc avec sa lance. « Aussitôt, il en sortit du sang et de l'eau », écrit Jean. Resté au Calvaire avec un petit groupe de fidèles – plus que probablement avec Marie –, l'apôtre a été, de ces événements, le témoin douloureux mais d'autant plus précieux pour l'Histoire qu'il est unique.

Un tombeau pour Jésus

Quelle sensation, au Temple, quand parvient la nouvelle de la mort de Jésus! Les membres du Sanhédrin se félicitent les uns les autres : enfin l'on va respirer! Voilà Israël définitivement

ILS ENLEVÈRENT LE CORPS DE LA CROIX
On retrouve là une miniature de ce livre d'heures dont l'auteur a cherché à refléter le plus exactement possible la vérité de l'Évangile. C'est Joseph d'Arimathie, présent ici, qui obtiendra de Pilate que le corps de Jésus lui soit remis.

délivré de cet imposteur qui a empoisonné pendant deux années entières la vie de ceux qui voulaient suivre à la lettre la Loi de Moïse !

Quelques-uns, pourtant, ne partagent pas la joie générale. Ils gardent le silence. Parmi eux, il y a ce Nicodème qui avait déjà – souvenez-vous – pris la défense de Jésus. Un autre, sans se faire remarquer, s'est levé et s'est glissé hors du Temple.

Il s'appelle Joseph d'Arimathie. Un homme « bon et juste », dit Luc. Depuis qu'il a rencontré pour la première fois Jésus, il a été séduit par son enseignement, ému par celui qui se présentait comme le Fils de l'Homme. Secrètement – par peur des Juifs, dit Jean –, Joseph s'est rangé parmi les disciples du Christ. Il ne s'est associé ni aux décisions du Sanhédrin ni au plan qui devait aboutir à la condamnation de Jésus.

Cette mort le frappe de douleur comme tous ceux qui ont aimé Jésus. Elle le plonge dans le désespoir comme tous ceux qui ont cru en lui. S'il est mort, c'est donc qu'il n'était pas le Messie, le Fils de Dieu !

Cette atroce déception, Joseph d'Arimathie veut la surmonter. Il ne sera pas dit qu'il laissera le cadavre de ce saint homme abandonné aux vautours ou aux chiens qui rôdent dans la banlieue. Selon la loi romaine, les suppliciés n'ont pas droit à un tombeau. La loi juive les rejette hors de la ville, dans un cimetière particulier. Mais Joseph sait aussi qu'il est permis aux proches d'un condamné de réclamer son corps. Joseph se rend tout droit chez Pilate. Il formule sa prière bien qu'il ne soit pas parent de Jésus, il voudrait être autorisé à enlever son corps, à l'ensevelir et à l'inhumer de façon décente.

« Pilate le permet », écrit Jean. La nuit maintenant est tombée. Joseph ne perd pas de temps, prend le chemin du Golgotha. Nicodème qui, lui aussi, s'est séparé de ses collègues du Sanhédrin le rejoint. Les voici tous deux au pied de la croix où reste cloué le cadavre, raidi par la mort, de Jésus.

Un sépulcre taillé dans le roc

Les curieux, les indifférents, les soldats se sont retirés. Luc signale que, seules, sont demeurées là ces femmes qui avaient accompagné Jésus « depuis la Galilée ». Ni Luc ni Jean ne parlent de Marie, mère de toutes les douleurs. Sans doute l'a-t-on persuadée de s'éloigner.

Admirez le courage de ces deux hommes, Joseph d'Arimathie et Nicodème, qui, pour la première fois de leur vie, avec les gestes maladroits que l'on devine, vont déclouer un cadavre, le descendre de la croix, étendre sur le sol ce corps nu, disloqué, blafard, pour enfin l'envelopper dans le linceul que Joseph a pris la peine d'acheter à Jérusalem.

LA DESCENTE DE CROIX
Cette peinture, réalisée au XVIIe siècle en Italie par un artiste dont on ne connaît pas le nom, évoque le moment où Jésus, à la nuit tombée, fut détaché de la croix par deux dignitaires juifs secrètement ralliés à lui, en présence de femmes restées jusqu'au bout des fidèles au Messie qu'elles suivaient depuis la Galilée.

Joseph d'Arimathie possède tout près de là un jardin dans lequel il a fait aménager un sépulcre, autrement dit une tombe. Ce tombeau n'a jusque-là servi à personne : sans doute se le réservait-il pour lui-même. C'est une chambre creusée dans la colline, que l'on ferme par une de ces énormes meules de pierre qui obturait déjà la tombe de Lazare.

Joseph et Nicodème soulèvent le corps. Le linceul faisant probablement office de civière, ils le portent jusqu'au tombeau, ils roulent la meule sur le côté, déposent le cadavre sur la banquette de pierre ménagée à cet effet. Nicodème a apporté avec lui cent livres – trente-deux kilos – d'aromates, un mélange

LA MISE AU TOMBEAU
Cette interprétation de la mise au tombeau du Christ est due au peintre Orsi (XVIe siècle). L'Évangile désigne les deux hommes, Joseph d'Arimathie et Nicodème, qui détachèrent Jésus de la croix.

de myrrhe et d'aloès. On les laisse dans le tombeau, espérant que l'odeur contribuera à éviter la putréfaction.
Il faut en effet attendre la fin du sabbat, donc le dimanche, pour laver le cadavre et procéder à ces applications d'huile et de parfums qui le prépareront pour l'éternel sommeil.
Marie-Madeleine et Marie, l'épouse de Clopas, ultimes fidèles entre les fidèles, ont suivi dans la nuit ce cortège dérisoire : un corps porté par deux hommes, sans rien de ce cérémonial, de ces chants et de ces prières dont les Juifs accompagnaient l'inhumation de leurs morts. Un enterrement quasi clandestin.
Quand Joseph et Nicodème roulent la pierre, la fixent avec une cheville de bois pour qu'elle demeure solidement en place, quand les deux hommes s'éloignent, ce sont ces femmes – seules – qui vont demeurer là, éplorées, dans la nuit, à considérer le lieu où repose ce mort qu'elles ont tant aimé, ce Jésus en qui elles ont mis toute leur foi.

Dernière démarche auprès de Pilate

Si Pilate a cru, voyant la journée s'achever, en avoir fini avec cet obsédant Jésus, il va rapidement être détrompé. Voici que se présentent à l'Antonia les princes des prêtres, ceux qui n'ont cessé depuis l'aube de l'assaillir de leurs exigences ! Encore eux ! On imagine avec quelle lassitude irritée il a dû les recevoir.
Que veulent-ils ? Ils s'expliquent :
– Seigneur, nous nous sommes rappelé que cet imposteur, lorsqu'il vivait encore, a dit : « Après trois jours je ressusciterai ! » Commande donc que son sépulcre soit gardé jusqu'au troisième jour de peur que ses disciples ne viennent dérober le corps et ne disent au peuple : « Il est ressuscité des morts ! » Cette dernière imposture serait pire que la première.
Pour Pilate, c'en est trop. Qu'on ne lui parle plus de Jésus. Jamais ! Aux prêtres, il ne mâche pas ses mots :
– Vous avez une garde. Allez ! Gardez-le comme vous l'entendez !
Les prêtres se retirent, se précipitent au sépulcre de Jésus, font sceller la pierre que l'on a roulée devant le tombeau, placent eux-mêmes les gardes. Ils s'en vont.
Rassurés.

ET JESUS RESSUSCITA

L'aube du dimanche répand à peine ses premières lueurs sur les toits de Jérusalem. Depuis la veille au soir, le sabbat a pris fin.

Des femmes sortent de la ville par la porte d'Ephraïm. Elles s'avancent vers le Golgotha. Qui sont-elles ?

La première – plus agile, plus ardente –, c'est Marie-Madeleine, cette fille de Magdala, jeune et belle, qui, depuis sa rencontre avec Jésus, ne vit plus que pour croire en lui. Et puis voici Marie, mère de l'apôtre Jacques. Voici une certaine Salomé, une Jeanne, d'autres. Elles sont cinq ou six, pas davantage.

Depuis le vendredi soir, elles ne vivent plus que dans la pensée de Jésus. Il a marqué à ce point leurs vies, elles l'ont tant aimé que, durant tout le sabbat, elles ont vacillé entre le chagrin et l'impatience.

Pour elles, l'idée que le cadavre de Jésus ne reçoive pas tous les soins qu'exige la tradition juive, cette idée-là est insupportable.

Impossible de se rendre au sépulcre pendant la nuit. A peine ont-elles vu l'obscurité faire place à l'aurore que, sans perdre un seul instant, elles se sont mises en route. « Le premier jour de la semaine, dit encore Luc, de grand matin, elles vinrent au sépulcre, portant les aromates qu'elles avaient préparés. »

Les hommes qui ont suivi Jésus, certains depuis deux ans, se cachent. Ils ont peur. Ces femmes qui courent vers le sépulcre savent parfaitement ce qu'elles risquent. Si elles ont triomphé de leurs craintes, c'est parce que les femmes – vous le comprendrez un jour – sont souvent plus courageuses que les hommes.

En chemin, elles se sont posé vingt fois cette question :

– Qui donc nous ôtera la pierre qui ferme l'entrée du sépulcre ?

Le tombeau était vide

Elles gravissent la colline, s'avancent vers le sépulcre. Elles découvrent que l'entrée est libre, ouverte, béante : *la pierre a été roulée hors du tombeau.*

Sur le seuil, elles hésitent. Enfin elles se hasardent, osent pénétrer dans la chambre funéraire. Elles scrutent la demi-obscurité : personne.

Le sépulcre est vide.

Double page précédente :
AU MATIN DU PREMIER JOUR DE LA SEMAINE
Comment évoquer la résurrection ? Quelle image lui donner ? Il y avait, dans son tombeau, un homme mort. Et puis cet homme a retrouvé la vie. Il est sorti de ce tombeau, et va se manifester à ses amis, comme un homme qui leur ressemble, sans être pourtant astreint aux servitudes qui accompagnent l'existence quotidienne des humains.
La photographie que l'on voit sur la double page précédente nous a paru symboliser un moment aussi prodigieux : les ténèbres régnaient et soudain le soleil, en réapparaissant, restitue au monde la lumière perdue.

Marie-Madeleine, la première, se décide. Dévalant la colline, elle court vers la ville, s'élance de rue en rue vers le lieu où elle sait trouver les apôtres.

Les autres femmes, figées par la stupeur et l'anxiété, sont restées les unes devant le sépulcre, les autres à l'intérieur. Soudain elles voient paraître deux hommes, « vêtus de robes resplendissantes ». Elles s'affolent. Ils les rassurent :

– Pourquoi cherchez-vous parmi les morts celui qui est vivant ? Il n'est pas ici parce qu'il est ressuscité. Souvenez-vous de ce qu'il vous a dit, jadis, en Galilée : il faut que le Fils de l'Homme soit livré entre les mains des pécheurs, qu'il soit crucifié et qu'il ressuscite le troisième jour !

LA RÉSURRECTION
Piero della Francesca, l'un des plus grands peintres italiens du XVe *siècle, a consacré une œuvre immense à des épisodes de la Bible et de la vie du Christ. Évoquant la Résurrection, il montre Jésus sorti triomphant du tombeau et dominant de sa toute-puissance des hommes endormis. Le sommeil souligne bien leur fragilité.*

Madeleine a trouvé les apôtres, elle leur conte l'inconcevable nouvelle. Ils se moquent d'elle : sûrement elle délire, elle est en proie à la fièvre ! Madeleine insiste, supplie, s'adresse à Pierre et à Jean, parvient enfin à les convaincre.
Ils courent vers le tombeau. Pierre se penche vers le sépulcre ouvert : « Ayant avancé la tête, dit Luc, il ne voit que les linges. »
Ces linges, c'est le linceul – ou suaire – qui a enveloppé le corps de Jésus. Ce sont aussi les bandelettes qui, enserrant le cou et les chevilles, ont tenu ce linceul attaché.
Jean est resté sur le seuil. Il raconte : « Alors donc l'autre disciple *(lui, Jean)* entra aussi... Et il vit et il crut. »
Il vit et il crut : tout est là en effet. Plus tard, un Juif qui n'a pas connu Jésus et même a persécuté les premiers chrétiens, saint Paul, dira à juste titre que seule la Résurrection démontre que Jésus était vraiment le fils de Dieu : « Si Jésus n'est pas ressuscité, vaine est notre prédication et vaine aussi notre foi à tous ! »

La première apparition de Jésus

Abasourdis, les apôtres sont rentrés chez eux. Les femmes les ont suivis. Au sépulcre n'est demeurée que Marie-Madeleine, attachée là par la puissance de son amour. Elle pleure.
A son tour, il lui semble apercevoir deux hommes vêtus de blanc ; elle pensera plus tard que ce devaient être des anges. Leur voix retentit dans le silence du tombeau :
– Femme, pourquoi pleures-tu ?
– Parce qu'ils ont enlevé mon Seigneur et que je ne sais pas où ils l'ont mis.
Elle se retourne pour mieux voir ceux qui lui ont parlé. Ils ont disparu. Un autre est là, dans la pénombre, debout devant elle. A travers ses larmes, elle le regarde à peine. Lui aussi s'adresse à elle :
– Femme, que cherches-tu ?
Dans son désarroi, elle songe que ce doit être le jardinier de Joseph d'Arimathie. Elle lui dit :
– Si c'est toi qui l'as emporté, dis-moi où tu l'as mis !
Doucement, l'inconnu l'interpelle par son nom : Marie !
Cette voix ! Elle se penche pour mieux voir. Cette allure, ce visage, ce sourire !

Elle s'élance vers lui, crie : Maître !
Elle vient de voir Jésus. En vie. Ressuscité d'entre les morts.
Elle veut le saisir, l'étreindre. Jésus, élevant la voix, l'arrête :
– Ne me retiens pas, car je ne suis pas encore monté vers le Père. Mais va trouver mes frères et dis-leur : Je monte vers mon Père et votre Père, vers mon Dieu et votre Dieu.
Il disparaît.
Elle obéit, court auprès des apôtres et des disciples de Jésus, leur crie qu'elle a « vu le Seigneur » et qu'il lui a parlé !

La paix soit avec vous

Le soir même, les apôtres se trouvent réunis secrètement pour partager en commun leur repas. Les issues sont soigneusement closes : toujours la peur qui rôde et les accable.
Les portes n'ont pas tourné sur leurs gonds et voici qu'ils découvrent Jésus parmi eux ! Jésus ! De cette voix dont ils connaissent chaque inflexion, il les salue :
– La paix soit avec vous !
Il perçoit tant de stupeur incrédule parmi eux qu'il s'en amuse. Il leur tend ses mains, ses poignets où se lit la trace des clous, écarte sa tunique afin qu'ils découvrent la marque du coup de lance qui lui a percé le flanc. Quand il se sent assuré qu'aucun d'eux ne doute plus, avec quelle chaleur d'affection répète-t-il :
– La paix soit avec vous !
Sans se faire prier, il s'attable avec eux, partage leur repas. Autour de lui, la joie se déchaîne. Aucun homme, peut-être, depuis le commencement du monde, n'a vécu un moment comme celui-là, cette heure inouïe dont les apôtres ont connu le privilège unique.
A travers les propos que Jean a soigneusement notés, on retrouve Jésus tout entier. Il confirme aux apôtres leur mission :
– Comme le Père m'a envoyé, moi aussi je vous envoie.
Il se recueille et tout à coup souffle sur eux :
– Recevez le Saint-Esprit !
Quelle charge, encore, que celle qu'il leur confie :
– Ceux à qui vous remettrez les péchés, à ceux-là ils seront remis.
Ils croyaient qu'il demeurerait toujours avec eux. Soudain ils écarquillent les yeux : sa place est vide.

Thomas l'incrédule

L'un des apôtres, Thomas, était absent ce soir-là. Dès qu'il paraît, les autres l'entourent, s'exclament, se récrient. C'est à qui veut lui révéler le premier qu'ils ont vu Jésus.
Thomas secoue la tête, sûr qu'on lui conte une histoire et qu'on se moque de lui. Il s'écrie :
– Si je ne vois dans ses mains la marque des clous, si je ne mets pas mon doigt à la place des clous et ma main dans son côté, je ne croirai pas.
Huit jours plus tard, les Onze se trouvent de nouveau réunis et, cette fois, Thomas est présent. Comme la première fois, sans que les portes se soient ouvertes, Jésus survient parmi eux. Le même salut :
– La paix soit avec vous !
Il va droit à Thomas :
– Mets ici ton doigt et regarde mes mains. Approche aussi ta main et mets-la dans mon côté. Ne sois pas incrédule, mais croyant.
Thomas tremble convulsivement. Déconcerté, bouleversé, émerveillé, il est tout cela à la fois. Il s'exclame :
– Mon Seigneur et mon Dieu !
Que d'indulgence et d'amour dans le regard dont Jésus l'enveloppe :
– Parce que tu as vu, tu as cru. Heureux ceux qui n'ont pas vu et qui ont cru !

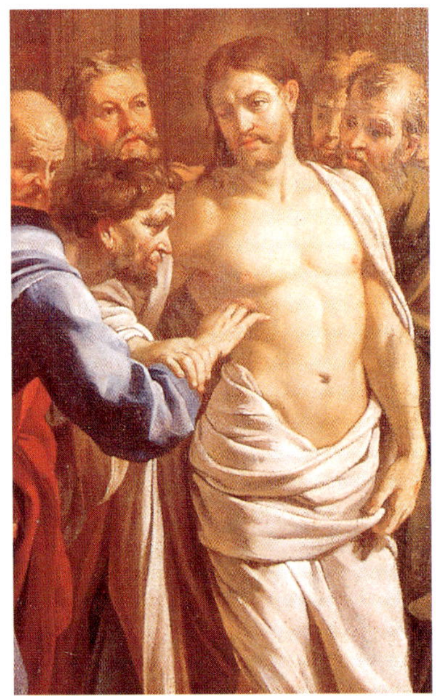

L'INCRÉDULITÉ DE SAINT THOMAS
Jésus ressuscité garde toutes les traces de sa vie terrestre et notamment de son supplice. « Mets ta main dans mon côté », dit Jésus à l'apôtre Thomas qui ne voulait pas croire à la résurrection. C'est ce qu'a montré Philippe de Champaigne dans cette œuvre.

Les pèlerins d'Emmaüs

Deux hommes s'éloignent de Jérusalem. Ils sont venus pour la Pâque et la Pâque est finie. Ils s'entretiennent de leurs espoirs évanouis : ils ont cru en Jésus et voici que Jésus est mort sur la croix... Ils cheminent tristement vers le village d'Emmaüs. Un homme les rejoint. Il ralentit sa marche pour voyager de compagnie avec eux : cela se faisait beaucoup en ce temps-là.

Ils s'étonnent :
– Tu es bien le seul étranger venu à Jérusalem qui ignore les choses qui y sont arrivées ces jours-ci !
Le voyageur paraît en effet ne rien savoir. Il souhaite d'être éclairé. Alors les hommes d'Emmaüs lui racontent l'arrestation de Jésus, son procès, sa mort sur la croix. Ils tentent de lui faire comprendre la profondeur de leur déception. Ils avaient tant espéré que ce Jésus délivrerait Israël !
Ils font aussi allusion à ce que l'on raconte : on aurait trouvé vide le tombeau de Jésus. Selon certains il serait ressuscité. Comment y croire ? Personne ne l'a revu vivant.
Le voyageur, si attentif jusque-là, si amical, se rembrunit. Il lance aux pèlerins d'Emmaüs :
– Cœurs sans intelligence !
Il leur reproche d'avoir oublié ce qu'avaient annoncé les prophètes :
– Ne comprenez-vous pas qu'il fallait que le Christ endure ces souffrances pour entrer dans sa gloire ?
Impressionnés, ils l'écoutent. On continue ainsi jusqu'à l'étape du soir. A l'auberge, les pèlerins invitent à souper ce voyageur qui parle si bien. « Or, pendant qu'il était à table avec eux, raconte Jean, il prit le pain, prononça une bénédiction, puis le rompit et le leur donna. Alors, leurs yeux s'ouvrirent et ils le reconnurent. »
Ils sont sur le point de se jeter aux pieds de Jésus lorsqu'ils se retrouvent seuls : « Mais lui devint invisible à leurs yeux. »
Aussitôt, les pèlerins rebroussent chemin, courent à Jérusalem, retrouvent les fidèles de Jésus qu'ils connaissent, leur racontent dans tous ses détails la fantastique aventure qu'ils viennent de vivre.
C'est grâce à la relation que l'apôtre Jean en a laissée que nous la connaissons.

LES DISCIPLES D'EMMAÜS
Le peintre français Jacques Stella a peint, au XVIIe siècle, l'épisode des pèlerins d'Emmaüs. On y retrouve cette précision, cette puissance et cette élégance qui caractérisent son œuvre et lui ont valu d'être logé au palais du Louvre en tant que peintre du roi.

C'est le Seigneur !

Impossible, pour les apôtres, de rester à Jérusalem, ville hostile où tout ami de Jésus est considéré comme un ennemi.
Pierre, Jean et Jacques, Nathanaël, Thomas, deux autres disciples ont repris la route de Galilée. Ils ont retrouvé le lac de

LA DESCENTE AUX LIMBES
Le peintre Andrea de Firenze a peint cette œuvre au XIVe siècle. On s'est demandé où l'âme de Jésus avait pu se rendre pendant que son corps était au tombeau. Certains ont supposé qu'elle pouvait avoir séjourné dans les « limbes », lieu où les âmes des morts auraient attendu la venue du Christ.

Tibériade et, tout naturellement, leur métier de pêcheur.
Tout au long de cette nuit-là, ils ont jeté leur filet sans rien prendre. Voici l'aube et ils vont rentrer, bien tristes de cette pêche ratée. Du rivage un inconnu les appelle :
– Jeunes gens, n'avez-vous rien à manger ?
Ils sont obligés de lui répondre : Non !
– Jetez vos filets à droite de la barque et vous trouverez du poisson !
Étonnés, ils obéissent. A l'instant leur filet s'enfonce. Quand ils veulent le ramener vers la barque, ils le trouvent si lourd qu'ils ne parviennent même pas à le tirer hors de l'eau.
Jean, le premier, comprend tout. Il crie :

– C'est le Seigneur !
Le Seigneur ! Pierre n'en doute pas une seconde, il se jette à l'eau, nage vers la rive pour arriver plus tôt. Les autres apôtres rament avec énergie pour traîner derrière eux le filet trop plein.
Jésus les attend. Près de lui, un feu est allumé. Ils vont y faire griller quelques-uns de leurs poissons : le filet en contenait cent cinquante-trois, se souviendra Jean en relatant plus tard cet épisode. Encore émerveillé, il écrira en homme de métier : « Et quoiqu'il y en eût tant, le filet ne s'était pas déchiré ! »

Simon, m'aimes-tu ?

Le repas s'achève. Comme ils sont heureux, les apôtres ! Nous les imaginons assis ou allongés autour du feu qui s'éteint, portant vers Jésus leur regard extasié : ils le croyaient mort et il est là devant eux, pareil, identique, tel qu'ils l'ont vu, connu, aimé depuis plus de deux ans !
Et voici que Jésus s'adresse à Pierre :
– Simon, fils de Jean, m'aimes-tu ?
– Oui, Seigneur, tu sais bien que je t'aime !
– Alors il faut que tu sois le pasteur de mes brebis.
Souvent, quand Jésus parlait en paraboles, il a comparé le peuple de ses disciples à un troupeau. Ces brebis dont il parle, ce sont les hommes et les femmes qui resteront fidèles à son enseignement. Le mot pasteur, ici, signifie berger.
Jésus ordonne donc à Pierre de se mettre à la tête de ceux que bientôt l'on appellera les *chrétiens*.
Trois fois de suite, Jésus demande à Pierre s'il l'aime. Alors l'apôtre ne peut cacher sa tristesse : le Seigneur ne veut-il pas croire à l'amour qu'il lui porte ? Peut-être ne veut-il pas oublier que Pierre l'a renié trois fois.
Mais Jésus lui a pardonné. Il répète :
– Tu dois faire paître mes brebis !
Il ajoute, d'une voix qu'aucun des apôtres présents n'oubliera jamais : Suis-moi !
Pierre comprend alors que son destin est de *suivre*, jusqu'à sa dernière heure, ce que lui a appris Jésus et de l'enseigner aux autres. Il lui obéira. Il mourra à Rome. Martyrisé.

Au nom du Père, du Fils et du Saint-Esprit

*« IL S'ÉLEVA DANS UNE NUÉE »
C'est pour un livre d'heures, celui d'Étienne Chevalier, que le plus grand peintre français du XVe siècle, Jean Fouquet, a peint l'Ascension de Jésus. Étienne Chevalier, trésorier de France, avait commandé à Fouquet ce qui devait être son chef-d'œuvre : ce livre d'heures, dont la plupart des miniatures sont aujourd'hui à Chantilly.*

Ces rencontres vont se poursuivre pendant quarante jours. A l'instant où ils s'y attendent le moins, Jésus apparaît à ses disciples, il passe quelques heures en leur compagnie, leur parle, les écoute, discute avec eux. Tout à coup, il disparaît. Comment leur foi en lui ne deviendrait-elle pas solide comme le roc ? Comment se déroberaient-ils à la mission qui les attend tous : prêcher à leur tour la Bonne Nouvelle, celle qu'ils ont reçue de Jésus ?

Un jour, il les a entraînés sur ce mont des Oliviers où s'est déroulée l'une des étapes capitales de son destin. Il s'arrête, les enveloppe de ce regard qui les a toujours intimidés et fascinés en même temps, ce regard où l'amour se mêle au commandement. Il lève la main, geste familier pour qu'on l'écoute :

– Allez ! Enseignez toutes les nations ! Baptisez-les au nom du Père, du Fils et du Saint-Esprit !

Il leur recommande de regagner Jérusalem et d'attendre là qu'il leur ait envoyé les « dons du Saint-Esprit ». Il les bénit.

Bouleversés, ils le voient alors s'élever dans l'espace : c'est ce que les chrétiens appellent l'*Ascension*. Il s'éloigne peu à peu. Un nuage le cache à leurs yeux. Ils ne le reverront plus.

Des langues de feu

Comme Jésus l'a souhaité, les apôtres s'en sont retournés à Jérusalem. D'abord, ils ont remplacé Judas par un certain Matthias : ainsi sont-ils redevenus douze.

Le jour de la fête juive des Récoltes – on dit aussi la Pentecôte – ils se sont rassemblés dans cette chambre où Jésus, le jeudi saint, a partagé le pain et le vin devenus dès lors son corps et son sang.

Comprenez bien que ces hommes ne vivent que dans le souvenir et la pensée de Jésus. Ils sont littéralement hantés par les quarante jours inouïs qu'ils ont traversés depuis sa résurrection. Comment en serait-il autrement ?

Presque inconsciemment, ils cherchent les lieux qu'ils ont fréquentés avec lui. Cette pièce par exemple. Ils y sont venus pour retrouver la présence de leur Maître, mais aussi pour y

prier. Qui plus est, ce jour-là, Marie, la mère de Jésus, les a rejoints. Ce qui ajoute – ô combien ! – à leur émotion.
Soudain, ils entendent se lever comme un violent coup de vent. Dans la maison les portes claquent, les draperies se gonflent,

LA PENTECÔTE
Ce jour-là, les douze apôtres réunis sont l'objet d'une extraordinaire manifestation : une langue de feu posée sur leur front va faire d'eux des hommes nouveaux. C'est ce qu'évoque le peintre français Louis Galloche, dont les œuvres principales ont été peintes au XVIIIe *siècle.*

tourbillonnent. Une boule de feu traverse la pièce, elle se divise en douze parcelles qui ressemblent à des langues. Celles-ci viennent se poser sur la tête de chaque apôtre.
A cet instant précis, ces douze hommes accablés, apeurés, craintifs, fuyant les persécutions dont les menacent les prêtres et les pharisiens, sentent monter en eux une incroyable force.
Ils se précipitent au-dehors. Comme pour chaque fête juive, beaucoup de gens de toutes origines sont venus à Jérusalem : il y a là des Égyptiens, des Romains, des Crétois, des Parthes, des Mèdes, des Arabes, des Libyens, des Mésopotamiens, bien d'autres. C'est à eux que les apôtres s'adressent. Et, à chacun, ils parlent dans sa langue !
Autour d'eux la stupeur grandit. On s'interroge :
– Ces hommes-là ne sont-ils pas tous de Galilée ? Comment donc chacun de nous les entend-il dans sa propre langue ?
Pour les apôtres, désormais, tout est devenu clair : ce qu'ils viennent de recevoir, ce sont ces « dons du Saint-Esprit » annoncés par Jésus lui-même.

Et ils allèrent de nation en nation

Le bruit de ce prodige a couru Jérusalem. Avant que tombe la nuit, des centaines de gens, écoutant le discours de Pierre et des autres apôtres, demandent à recevoir le baptême.
Chaque jour, ces nouveaux disciples vont répéter les paroles de Jésus, vont prier en son nom et rompre le pain en mémoire de lui. Comment tout cela n'aurait-il pas semé l'alarme parmi les prêtres, les Anciens, les membres du Sanhédrin ? Leur réaction ne tarde guère : Pierre et Jean sont arrêtés.
Un autre apôtre, Étienne, est lapidé et périt en invoquant le nom de Jésus ; le premier martyr.
Un Juif qui avait été fait citoyen romain – rare privilège – se montre l'un des plus furieux contre les nouveaux chrétiens. Il s'appelle Saul, prénom que nous traduisons par Paul. Le grand prêtre le charge d'une mission à Damas : il faut arrêter tous ceux qui se réclament de Jésus !
Saul enfourche un cheval, s'élance sur la route de Damas. Et voici qu'une lumière éclatante l'éblouit. Un écart de son cheval le

jette à terre. Une voix qui semble tomber du ciel se fait entendre :
– Saul, Saul, pourquoi me persécutes-tu ?
Il va rester aveugle durant trois jours et trois nuits. Quand Saul recouvre la vue, il est devenu le plus enthousiaste des missionnaires du Christ.
Pierre a pu s'évader de sa prison. Il montre l'exemple : le premier, il convertit des non-Juifs. A ceux qui s'inquiètent, se demandant si le message de Jésus n'était pas réservé au peuple choisi par Dieu, il répond :
– Aux autres nations aussi, Dieu a donné le repentir qui mène à la vie !
Tous les apôtres se sont mis en chemin. Deux par deux. Souvenez-vous : ils ne sont qu'une dizaine, ils n'ont reçu aucune instruction. Ils sont démunis de tout. Or ils vont de pays en pays, de nation en nation, sur les routes du Proche-Orient d'abord, puis plus loin encore : en Turquie, en Grèce, à Rome. Partout ils annoncent une incroyable nouvelle : ce Jésus dont

L'ÉVANGILE ET LES ÉVANGÉLISTES

Les événements qui composent la vie et l'enseignement de Jésus nous ont été transmis par les écrits de quatre personnes : Matthieu, Marc, Luc et Jean, les évangélistes. Deux d'entre eux seulement étaient des disciples de Jésus : Matthieu et Jean. Les deux autres ont recueilli les témoignages de ceux qui avaient entouré le Christ.

Ces quatre écrits s'appellent les Évangiles, ce qui veut dire en grec la Bonne Nouvelle du Salut apporté aux hommes par le Christ, et ils forment ensemble un seul livre : le Nouveau Testament.

Celui-ci comprend également les lettres, appelées aussi Epîtres, écrites par les apôtres (saint Paul, saint Jacques, saint Pierre, saint Jean et saint Jude) aux premières communautés chrétiennes, ainsi que l'Apocalypse de Jean.

Chacun des quatre évangélistes est symbolisé par un «animal» que l'on retrouve dans les tableaux, les fresques ou encore les mosaïques des églises : Jean a pour symbole l'aigle, Luc le taureau ou le bœuf, Marc le lion et Matthieu l'homme ou l'ange.

LE CHRIST VU PAR DALI
Nombre des œuvres de Salvador Dali ont, par leur originalité fracassante, provoqué de violents débats. Sa vision du Christ en croix, si différente de celles qu'ont laissées des milliers de peintres de toutes écoles, n'a pas manqué de choquer certains. Mais elle en a profondément ému beaucoup d'autres.

nul, à part quelques Juifs de Palestine, n'a entendu parler n'est autre que le fils de Dieu, Créateur du ciel et de la terre.
Et on les entend ! Et on les croit !
A la fin du Ier siècle, il y aura des chrétiens dans tout le Bassin méditerranéen. Au IVe siècle, l'Empire romain tout entier deviendra chrétien et, plus tard, toute l'Europe. Le jour viendra où l'on trouvera des chrétiens en Asie, en Afrique, en Amérique.
Autour de l'image de cette croix sur laquelle est mort Jésus, toutes les générations ont prié et d'innombrables églises se sont élevées.
Des centaines de millions d'hommes et de femmes ont suivi l'enseignement de Jésus. D'autres, sans adhérer à sa religion, l'ont respectée. Savez-vous que les musulmans considèrent Jésus comme un homme choisi par Dieu, un prophète ? Même ceux qui ne croient pas en Dieu restent marqués par sa philosophie. Ceux-là mêmes qui ont été élevés en dehors de toute religion célèbrent chaque année Noël, c'est-à-dire le jour de la naissance de Jésus, et Pâques, l'anniversaire de sa mort : ne serait-ce qu'en échangeant des cadeaux...
Aujourd'hui encore, des milliards d'hommes comptent les années avant et après lui. Être en l'an 2000, cela veut dire deux mille ans après Jésus-Christ.
Rien de tout cela, vous en conviendrez, n'aurait dû logiquement se dérouler de cette façon. Mais il fallait qu'il en fût ainsi. Jésus ne l'avait-il pas annoncé ?
Se séparant de ses disciples, il avait dit :
– *Je serai avec vous jusqu'à la fin du monde.*

Aux parents qui veulent en savoir davantage

Il existe de très nombreuses traductions des Évangiles. Les citations qui se rencontrent tout au long de ce livre sont tirées principalement du texte d'Augustin Crampon, dont la qualité littéraire m'a paru correspondre le mieux aux goûts du jeune public auquel je m'adresse. Mais j'ai tenu à moderniser cette traduction – elle date de la fin du siècle dernier – en utilisant parfois des mots plus usités aujourd'hui, en la simplifiant quand cela m'a semblé nécessaire. Il m'est arrivé aussi de me référer à des traductions plus actuelles pour me rapprocher davantage du texte original. Que l'on sache cependant que ces libertés de forme n'affectent en aucune façon le fond des Évangiles.

J'ai naturellement consulté les travaux les plus récents des historiens, des archéologues, des linguistes et des exégètes. Comme on le sait, les dernières recherches, dues à des croyants comme à des incroyants, aboutissent de plus en plus à confirmer l'historicité des Évangiles.

En ce qui concerne la chronologie de l'histoire du Christ, je me suis rallié à celle qu'a établie Daniel-Rops, dont les jalons historiques me semblent établir l'exactitude.

Je tiens à remercier mon éminent ami, le R. P. Carré, d'avoir bien voulu relire le manuscrit de ce livre. Les observations qu'il m'a présentées m'ont été particulièrement précieuses.

TABLE DES MATIERES

CREDITS PHOTOGRAPHIQUES

9 Sonia Halliday ; 10 Explorer ; 11 Giraudon ; 13 Giraudon ; 14 Giraudon ; 15 Giraudon ; 17 Giraudon ; 19 Giraudon ; 24 Photo D. R. ; 25 Giraudon ; 27 Giraudon.

30 Giraudon ; 31 Giraudon ; 32 Sonia Halliday ; 36 Giraudon ; 39 Giraudon ; 43 Photo D. R. ; 44 Giraudon ; 47 Sonia Halliday ; 48 Sonia Halliday ; 51 Giraudon.

55 Photo D. R. ; 57 Sonia Halliday ; 58 Giraudon ; 59 Photo D. R. ; 63 G. Dagli Orti ; 65 Sonia Halliday ; 66 Giraudon ; 69 Giraudon.

73 Photo D. R. ; 74 Sonia Halliday ; 79 Photo D. R. ; 80 Magnum ; 81 Photo D. R. ; 82 Giraudon.

87 Gamma / Lochon ; 89 Giraudon ; 92 Photo D. R. ; 94 Laura Lushington / Sonia Halliday ; 95 Giraudon ; 96 Giraudon ; 97 Sonia Halliday.

101 Explorer ; 102 Photo D. R. ; 103 Dorval / Explorer ; 106 Giraudon ; 108 Giraudon ; 110-111 Giraudon ; 114 Explorer ; 117 Giraudon ; 118 Giraudon ; 120 Giraudon ; 121 Giraudon ; 123 Giraudon ; 124 Giraudon.

129 Sonia Halliday ; 130 Giraudon ; 132 Giraudon ; 133 Giraudon ; 136 (h.) Giraudon, (b.) Giraudon ; 138 Giraudon.

142 Giraudon ; 143 Sonia Halliday ; 145 Giraudon ; 146 Éric Lessing / Magnum ; 149 Sonia Halliday ; 151 Éric Lessing / Magnum ; 154 Giraudon ; 155 Explorer ; 156 Photo D. R.; 158 Radovan, Jérusalem.

162-163 Nalbandian, Jérusalem ; 164 Fred Mayer / Magnum ; 169 Giraudon ; 171 Photo D. R. ; 174 Giraudon ; 175 Sonia Halliday ; 177 Giraudon ; 179 Explorer ; 180 Sonia Halliday ; 181 Sonia Halliday ; 182 Sonia Halliday ; 183 Giraudon ; 185 Éric Lessing / Magnum.

189 Louis-Yves Loirat / Explorer ; 190 Giraudon ; 192 (h.) Explorer, (b.) Photo D. R. ; 196 Edimédia ; 197 Bibliothèque Nationale ; 199 Giraudon ; 200 Éric Lessing / Magnum ; 204 Giraudon ; 207 Giraudon ; 208 Giraudon ; 209 Giraudon ; 210 Giraudon ; 211 Giraudon ; 213 Giraudon ; 215 Giraudon.

219 Éric Lessing / Magnum ; 222 Giraudon ; 223 Giraudon ; 225 Giraudon ; 226 Photo D. R. ; 231 Giraudon ; 232-233 Giraudon ; 236 G. Dagli Orti ; 238 G. Dagli Orti ; 242 Giraudon ; 243 Giraudon ; 244 Giraudon

246 Stock Image ; 249 Giraudon ; 252 Giraudon ; 253 Giraudon ; 254 Giraudon ; 256 Giraudon ; 257 Giraudon ; 260 Robert Descharnes. © Salvador Dali. Demart / Pro Arte, coll. part. Musées Fondations.

Responsable éditoriale
Anne LECLERC

Assistée de
Janine MAHUZIER
Monique JANOVER
Marie-Martine SARTIAUX
Marguerite de MARCILLAC

Maquette
Atelier Dominique TOUTAIN

Mise en page
Danièle ROUZAIRE

Iconographie
Arlette MOREAU
Jérôme da CUNHA

Cartographie
Patrick MERIENNE

Dessins de VANNI TEALDI
et de
Albert VOD
pour les pages 140-141, 160-161 et 186-187

Aubin Imprimeur
LIGUGÉ, POITIERS